順勢溝通

一句話說到心坎裡！不消耗情緒，掌握優勢的39個對話練習

張忘形——著

推薦文

用善感的心，寫深刻的溝通之道

周震宇／聲音訓練專家

認識忘形老師五年多了，我看著他從入行，到對於溝通表達相關議題的摸索、撞牆、取經、練功，終於，他所經歷、發現、體悟的，都聚攏在這本書裡，成就了一個美好的里程碑。

心思細膩又敏感的人，往往要比「鈍感力」強的人，承受更多關係上的苦。忘形老師就是這樣的人，所幸他在受苦之後，會啟動他那酷愛分析的大腦，思考問題的核心，釐清背後的原因，找出有效的方法來保護自己、經營關係。這讓他得道多助，各方面都漸入佳境。

不知道你有沒有吃過「功夫菜」？就是那種看似簡單，實際上卻需要經驗豐富的廚師親自花時間、花功夫下去料理的好菜。這本書就是「溝通」這門學科的功夫菜。忘形老師的用字遣詞非常淺白，閱讀起來流暢度極高，很容易理解與吸收。而這些精彩案例、實用技巧的背後，蘊藏了心理學、行為學等深刻的原理原則，讓人欲罷不能地一頁一頁往下翻，不知不覺就把整本看完了。

我教聲音表達，其中有個技巧叫「殘韻」，這個技巧能讓話語更有餘韻，在聽者心裡留下迴響。忘形老師在每個單元後面都留有「溝通思考題」，看完了書，這些需要細細反思的問題，像是繞梁餘音一般在內心敲叩，後勁十足。

「溝通，是為了建立有意義的關係。」這是我的恩師陳怡安教授教我的，感謝忘形老師的傳承。不是每一段關係都有意義，但只要我們願意學習溝通，便有很大的機會贏得豐盛富足的有情人生。

推薦文

學習溝通，就像學一種新的語言

陳志恆／諮商心理師、暢銷作家

我是個親子作家，常與讀者分享親子之間如何有效溝通。有一次，我被一位家長問到：「家中有青少年階段的孩子，每次我想關心他，但他都不太想理我，怎麼辦？」

我告訴他，遇到這樣的情境，可以這麼回應：「我很想關心你，你可以和我分享，也可以什麼都不說，我都尊重你。如果你願意說的話，可以多說一點，也可以少說一點，我也都尊重你。」

發問者頻頻點頭，若有所思；而現場的學員，則是如獲至寶，拚命抄筆記。我等了一下，邀請在場學員思考，想像在孩子不願意開口時，對著孩子說出剛剛那番話。

我問：「請誠實回答，能說得出口的請舉手？」

只有一兩位舉手，其他人則是皺眉搖頭。

為什麼說不出口？答案很簡單，就是「不習慣」——我們覺得這樣說很彆扭，也擔心孩子聽了感到很奇怪。

為什麼不習慣呢？因為「缺乏練習」。

從小到大，沒有任何大人這樣對我們說話，也沒有任何人告訴我們可以用這樣的方式向身旁的家人或孩子說話。突然要我們說出口，當然不習慣。

而這不代表這些溝通技巧沒有效，只說明了我們不常用，需要更多的練習。

我常分享，如果沒有進入輔導諮商領域學習，我永遠不會接觸到這些能帶給他人溫暖、同理與力量的說話方式。我肯定會用過去的習性，來應對我的家人或孩子，那通常會為彼此帶來痛苦。我也不可能覺察究竟是哪裡說得不妥當，更不會思考還可以怎麼表達會更好。

或許，我只會拚命抱怨：「你們都不懂我的用心！」

學習溝通，就像學習一個新的語言，通常需要從模仿開始。一開始是幾個單字、幾句話，然後串成複雜的段落。接著，我們開始理解語言的規則，懂得語言背後的文化典故，開始知道在不同的情境中，如何使用不同的表達方式。

如果能讓自己長期浸潤在這樣的語言環境中一段時間，是最好不過；如果不行，每天反覆練習，是不二法門。

大部分的人都希望與身旁的人有良好的溝通，卻沒有機會先釐清溝通的本質。就像許多來向我學習親子溝通的大人都希望拿到一套「公式」，或者期待憑「一句話」就說服孩子聽話或改變。

首先，這樣的話語並不存在；再者，這種尋求溝通特效藥的心態，如果不是天時地利人和，在人際關係中永遠會碰壁。

閱讀忘形的《順勢溝通》，會發現我們所想像的溝通，大部分都只是想說服對方，證明「我是對的，你是錯的」，然後告訴對方：「聽我的吧！」

問題是，對方憑什麼要聽我們的呢？

常有人問我：「我只是想幫助他，他為什麼要拒絕我？」

我通常會說，每一次的抗拒背後，必定存在著控制。我們得思考，自己是想幫助他，還是想控制他？

也許有人會問：「幫助和控制究竟有什麼不同？」

如果是想幫助對方，會站在對方的立場，提供對方更多選擇，並尊重他的決定。反之，如果是控制，則會想著對方如何做能滿足我們的期待，於是要求對方只能遵循唯一選擇，就是我們提供的那一個。

話說得再好聽，當起心動念存在著控制的意圖，對方也可能心生抗拒。

這正是《順勢溝通》一書的價值所在。書裡不斷提醒，比起強調那些具有說服力或煽動力的美麗話術，我們得回到自己的內在，覺察自己對於溝通的信念，以及關注人際關係中的界線與溝通中的情緒等課題。

忘形提到：「溝通，是為了找到方法，而不是找到罪人。」我們常常想證明自己的觀點是正確的，於是透過貶抑他人的想法，甚至人身攻擊，來讓對方「想通」，進而贊同我們。然而，愈是這麼做，溝通愈容易成為爭執。這時，雙方火氣都來了，覺得自己被冒犯。在高漲的情緒下，更無助於化解歧見、取得共識。

很榮幸能受邀為本書寫推薦文。略讀書稿，就已對忘形在溝通議題脈絡的清晰洞察及有條不紊的思考觀點佩服不已。學習溝通這門藝術已久，可是遇上很多情境，我也會詞窮、不知所措。即使已常對大眾分享親子溝通技巧，但面對自己的孩子，仍有碰壁的時候。

所幸，忘形老師提醒，我們永遠可以有意識地選擇要怎麼去理解對方、洞悉情境，以及表達自己。《順勢溝通》幫助我們在說出任何話語時，都能感覺到自己是帶著覺知、意識和選擇的。我始終相信，保持彈性而非套用公式，才是溝通的精髓所在。

推薦文

用對的鑰匙，讓話語走入對方心中

張國洋／大人學共同創辦人

溝通向來是個很難的課題。雖然你我都會說話，也能寫字，然而落實到生活中，大家一定會發現人際關係的維繫，並不是識字與表達就好。能不能說出得體的話語？能不能透過言談與文字與別人拉近距離、化解敵意？這往往需要經驗與智慧。

你一定看過身邊很多人，明明是為了對方好，但三言兩語間就是會刺激到別人。比方說身邊的很多長輩，逢年過節時，可能他們是好意，但開口就說你比誰差，要你趕快結婚，拿你與表弟表妹比較，拚命說服你換個穩定的工作。這些總總，怕都得讓你努力壓抑怒火，甚至蒙上陰影記恨一整年。所以溝通，真是很多人一輩子的課題。

拿起這本書的你，也有類似的困擾嗎？只是我猜，有些人可能期待從書中快速學個幾招，使別人變得更好溝通、更聽我的話。

其實，溝通從來都是雙向的，而改變別人也不是溝通這件事情的本質。想透過溝通來改變別人，這是最多人的誤解。也因這誤解，讓溝通最後往往成了爭執或是辯論。

忘形老師的書中剛好就有講這概念，要大家千萬不要誤把溝通當成說服。溝通的目的是幫我們與他者建立關係，進而拉近人與人的距離。

畢竟與人的距離近了，信賴有了，別人才會覺得我們的建議好像有道理。「自己人嘛，不會害我。」對方會這麼想，這意見才可能往心裡去。

如果只是拚命說服，強調自己是對的，或酸言批判，甚至嘲弄對方，最後必然是沒人會想聽我們的話。想想我們的老爸老媽，他們必然從小就苦口婆心，給我們很多「良心的建議」——無論那是透過嘮叨、激將法、或是責罵批判。我們多是無動於衷，甚至還故意和他們反著做，以忤逆他們來證明他們是錯的，甚至在辯論過程中產生「長輩是笨蛋，我自己才是高人一等」的念頭。

當信賴不穩固，任何好心都只會搞砸結果。

忘形在這本書中，幫大家建立溝通的正確認知，還透過ＤｉＳＣ這樣的工具來教大家怎麼判斷人的說話特質。畢竟不同性格的人有不同的習慣與聆聽方式，用對的鑰匙開鎖，才能真的讓話語走入對方心中。

當話語能深入人心，關係就會好。當關係好了，信賴強了，自然會觸發對方思考。

而對方願意思考，哪怕今天尚未有動作，只要他問題存在、痛點明確，總有一天他會願意採行看看。

如此，改變就可能成真。

雖然這需要花些時間，但這樣的努力一定是值得的。具備良好的溝通力，雖然不能瞬間扭轉別人的行為，卻能幫我們建構更緊密的人際關係。這會讓我們擁有很多朋友，保有友善的職場環境，建立好的親子關係與良善的伴侶關係。這種種人際關係若能都鞏固，對人生絕對是大加分的事。

讓這本書成為改善關係、建立更強大信賴與羈絆的一個起點吧！

推薦文

溝通很難，把溝通談得好，更難

許皓宜／諮商心理師

在我的工作中，遇見的大多是與人溝通不順暢的人。溝通障礙所會引發的困擾很多，最惱人的是對關係的消磨與對自我的損耗。所以很多人都想學「溝通技巧」，遇上了和長輩家人伴侶朋友相處不順時，便可開始反省自己是不是說話技巧不夠好。

然而，在忘形的書中，我特別喜歡的是他直接點破這個盲點：「溝通的力量是來自於我們的理解和選擇，而不是說話技巧。」

然後他又說：「表達是為了讓我們想說的東西被對方聽見，而溝通是去挖掘對方想表達的部分。」

我想起自己成為專業心理師初期，每每與母親吵架，總是見她垂頭喪氣收場，嘴裡說著：「你現在是專家了，我說不過你！」

如果用一場母女戰役來看，這場語言的爭戰顯然是我贏了，但在這種時候，我絲毫沒有勝利的快感，只察覺逞口舌之快後的愧疚感，心想自己是個不孝的女兒。

許久之後，我也有了這樣的領悟：語言，其實是一種為了讓我們彼此理解而誕生的事物。而忘形的這本書，正是忠實記錄了這種溝通的本質，讓我們學習用語言拉近關係和解決問題。

由衷感謝他用這種貼近人性的觀點來詮釋溝通，相信大家讀了他筆下的溝通奧妙與心法後，更能懂得人與人相處的珍貴與美好。

推薦文

溝通的廣度、深度與溫度

莊舒涵（卡姊）／出色溝通力教練

我和忘形老師有過幾面之緣，他給人極為客氣、謙和又陽光正面的感受。每每在臉書上看到他的大作被廣為流傳，我也總忍不住一看再看。他總能把複雜的觀點長話短說，且有組織架構地道出重點，並且透過簡單圖文精彩表達。

溝通是每天一睜開眼就如影隨形，不斷在發生的日常事情。從工作職場到生活，從面對他人到自己，愈了解溝通的技巧，就愈能自在地應對一切。

這次搶先看了忘形老師累積多年經驗和功力所撰寫的《順勢溝通》，讀完後我想先和大家說說這本書的三大特色。

第一，議題有廣度。每翻開一個新篇章的議題，就會不自覺檢視自己有沒有這樣的溝通困境，或者身旁的誰是這個樣子。從顯性的外在行為到隱性的內心感受，一一教我們如何克服和調整。

第二，內容有深度。這本書的內容以簡單口語的方式和讀者分享，並輔以忘形老師的生活觀察與經驗案例來做強化，在無形間告訴我們「某件事為什麼是這樣」，也同時指引我們可以怎麼反應或回答。

第三，提醒有溫度。有些話太過照著自我性格說出口，無意要傷人的話語最容易在無形中讓人感到不舒服，忘形老師特地整理成系統或流程來告訴我們該怎麼「換句話說」。每課最後的「溝通思考題」更是幫助你我自我檢視與省思溝通的現狀。

溝通技巧提升是對自我最好、也最值得的投資，只要願意依照著《順勢溝通》中的方法應用在職場、生活當中，溝通必能有效果又有效率。

推薦文

內向者的順勢溝通

張淨仁／美國非營利組織Give2Asia亞太經理

大坂直美在二〇二一年法國網球公開賽首輪勝出後，因為心理疾病拒絕接受賽後記者會，被罰一萬五千美元（約新台幣四十一．五萬）。當時引起輿論一片譁然，一派為她加油，認為頂尖運動員在世界級賽事做出這種「宣示」，可以讓大眾更重視心理健康；一派則持相反意見，認為接受媒體訪問是職業球員工作的一部分，拒絕受訪無疑是瀆職。

閱讀這本書的時候，我一邊聽著安德魯．皮特森（Andrew Peterson）唱〈Be Kind to Yourself〉，大坂直美又剛好出現在我腦海裡。為什麼這些會讓我聯想在一起？我想，可能因為忘形老師不偏不倚地寫到一般溝通相關書籍較少討論的「自我覺察」。

講述溝通的技巧之前，忘形老師先建立了「溝通的意識感」，譬如做好自己的課題、尊重別人的界線、不討好不控制。這些聽起來簡單，不過認真想想，有多少次溝通時，你是腦筋一直轉、有意識地做到這些？還是習慣性開啟自動導航，用「應該行得通」的方式進行？

的確，聽自己聲音、記錄自我、反省之類的行為，聽起來與溝通八竿子打不著關係，但我深深同意這才是一切溝通的根本。很多溝通毀在情緒衝動，然而一味叫對方冷靜，也會引起大爆炸。

書中寫到覺察情緒的過程，我覺得已經充滿啟發。舉凡我的情緒是怎麼來的？這對事情是幫助還是破壞？如果有幫助，那麼我可以怎麼做？這種以自我覺察為基礎的溝通，不只在職場上，在網友、家人、朋友、伴侶、親密關係之間，其實都可以用同樣的方法操作。我甚至覺得，對像我這樣的內向者來說，這是更有效率的方法。

很多溝通書的重點放在技術，譬如在什麼情境可以說什麼話，用什麼招可以達到什麼效果，但對於內向者，這或許有些隔靴搔癢，也像某些老師口中「不要問為什麼，做下去就對了」的信條。經過反覆、機械性的訓練，或許可以達到爐火純青，但我們還是不知道背後的道理，以及自己為什麼要這樣做。

而從自我覺察、同理心出發，對重視內在需求的內向者而言是更容易掌握的方式，畢竟我們的內心小劇場本來就很熱鬧，可以把這種能量轉換為溝通的效率，對我來講實在是很划算。

這又與大坂直美有什麼關係呢？運動心理師洪紫峯形容自我覺察是一個開關，一打開就會走上不同的路。

大坂直美因自我覺察的能力很好（意識到記者會是巨大壓力來源），所以選擇主動避開以保護自己。要是她完全關閉這個覺察開關，假裝從來不知道心理壓力這件事情，或許可以「照常」比賽和出席所有活動，但在日積月累之下，也可能會突然爆炸。

幸運的是，我們不是大坂直美，每天面對的對象也不是極盡所能要獲取資訊的記者。在這樣的情況下，我想，這種由內而外的溝通和處事方式，實在很值得追求。

推薦文

溝通的內功

楊士範（Mario）／關鍵評論網媒體集團共同創辦人

忘形的新書《順勢溝通》透過深入淺出的三十九堂課，用各種角度來分析如何強化自己的溝通能力。特別有意思的地方，是他並非從「技術」著手，而是從「信念」、「界線」、「情緒」等看似與「溝通技巧」無關的內容談起。

對於正確且有效的溝通，多數人想快速習得的「說話技術」反而不是真正的重點，也就是說，溝通的核心是建立好「內功」，再去練習和學習外顯的技巧。

我特別喜歡這本書分析「情緒」的部分，有些人會認為「理性溝通」不應該包含情緒，但實際上，人不可能沒有情緒。能夠妥善思考，認清在溝通中的情緒，絕對是讓溝通更順利有效的一大重點。

多數現代人在工作、感情或家庭上都需要理解溝通的重要性，而這本《順勢溝通》提綱挈領地提供一套系統，能快速讓讀者明白，溝通可以如何學習、思考和精進。

推薦文

既然一生都離不開溝通，現在就順勢學起來！

愛瑞克／《內在原力》作者、TMBA共同創辦人

在一個風和日麗的上班日午後，大稻埕的遊客稀稀落落，我和友人沿街步行，人聲漸遠，直到我們走到位於老屋二樓的「季風帶書店」。

店裡沒有別人，只有我和朋友及一位店員，隨興翻閱十多分鐘後，我是第一位開口說話的人。「請問妳是老闆嗎？」我問。這句話讓整個書店熱絡、溫暖了起來。「我不是，老闆因為疫情，人在新加坡，沒有辦法過來。」店員很開心地回應了好幾句話，並且熱心地介紹店裡的特色，展示了手工製作的書衣和筆套，也與我分享她很喜歡的一些作品。

約莫半小時的短暫停留，雖然我只買了一本書、一個布質手工書籤，但被加贈了一本雜誌，還有店員暖洋洋的招呼款待。我和朋友滿懷喜悅地離開店裡。

「溝通是去挖掘對方想表達的部分……照著這樣的思路，可以想像對話是一個『丟

接球』的過程。溝通的時候，我們其實是在思考怎麼樣可以更穩當地接住對方的球，並且找到這顆球想傳遞的核心價值。」這就是忘形撰寫此書的核心思維，而書中所提到的許多觀念和技巧，我在短短半小時的書店之旅，已經充分運用到了。

在我開口說：「請問妳是老闆嗎？」之前，我已經先觀察到店員的外型、衣著風格，以及靜靜待在櫃台後打電腦的舉止，大致上可以判斷對方散發著「S特質」，屬於慢熟型。

而在「理解界線」之下，我靜靜花了十分鐘，把整個書店逛過一圈後再主動開口，第一句話就要讓S特質的她感受到被尊重（我推測她不是老闆，但我以看待老闆的方式與其對話），於是展開了後來的一連串交談，以及獲得來自S特質的溫暖款待。

以上只是一個實例，身為一個高敏感人，我非常在意他人與我互動的過程，不喜歡被打擾、言語侵犯或情緒控制的感覺，因此總會運用此書所描述的「DiSC人格特質」先判斷出對方較可能屬於哪種類型，再順勢採取最適合的溝通應對模式。

此外，我也是非常注重溝通情緒的人，很認同此書所說「情緒能傳遞的能量更強大」以及「丟接球理論」。接招快樂要像打桌球，接招悲傷就如打棒球；面對他人投來棘手的憤怒、焦慮情緒，也能不逃避、正面迎擊，帶領雙方邁向更好的狀態。

我認為在COVID-19疫情之後，許多產業生態出現重大變革，有些行業嚴重受挫，也有些新興行業順勢崛起，但不變的，是「溝通」仍為各行各業都同樣需要的核心能力之一，也是我在拙作《內在原力》當中很重視的一種基本原力（運用同理心、感恩之心的表達方式是開啟無限力量的萬用鑰匙）。善用溝通，可以連接起更多人與我們一起成就更多事情，也讓我們可以活出更好的人生版本。

既然人活著一輩子都離不開溝通，早晚都要學會精進自己的溝通能力，何不利用這一本簡單又好用的《順勢溝通》，順勢把這項人生最重要的課題好好學起來呢？

願原力與你同在！

推薦文

讓溝通成為我們的最強優勢！

歐陽立中／暢銷作家、爆文教練

讀忘形的《順勢溝通》，我腦海中浮現查理・蒙格（Charles Munger）的一句話：「拿著鐵鎚的人，看到什麼都像是釘子。」

溝通真正難的地方，在於身邊太多鐵鎚人。我說牛排好吃，他說品味真差；我提了一份企畫，他說這行不通；我寫了一篇爆文，他嗆說這樣也能紅。這是我們熟悉的溝通日常，以往我們要不是算了，不然就與他拚了。愈吵愈兇，低頭一看，自己手上也握著一把鐵鎚。

我們總以為對方難溝通，結果最難溝通的可能是自己。這正是為什麼非讀《順勢溝通》不可。

忘形對於溝通，像做學術研究一樣縝密，他拆解各種溝通地雷，像是控制型和討好型語法。他也有著「心理諮商」的洞察，帶我們理解溝通背後的情緒，如何讓情緒流動，而非一味壓抑或失控噴發。不過更厲害的，是他用「老朋友」般的口吻與我們分享互動關鍵詞，也坦然聊自己的失敗經驗。正因為如此，我們不會覺得這是一本遙不可及的書，反而更願意在生活中嘗試。

最後，忘形有句話讓我特別喜歡，他如此說：「溝通真的不是好說話，而是好好說話。」沒要我們當好好先生，我們仍然可以拒絕別人，別陷入對方的劇本；我們仍然可以堅定己見，但要知道自己是對的，對方也是對的。

所謂的溝通，就是把對方放在心上，少說「又」、「應該」、「每次」；多說「請」、「謝謝」、「有你真好」。

生活就像修練場，總讓我們身陷劣勢。但有了忘形的《順勢溝通》，從此，溝通成為我們最強的優勢！

目錄

Part 2 溝通的界線

Part 3 溝通與情緒

Part 4

根據人格特質來溝通

Part 5

互動關鍵詞

Part 6

高情商溝通

〔自序〕

溝通的力量

在開始談溝通前，我想分享自己在溝通上遇到的痛點。對，這是我也很難與別人溝通的地方。

三十年不在乎溝通，卻希望三小時搞定溝通

常有辦課單位對我說：「老師，我們希望學溝通，但我們沒有什麼時間，能不能請你來講個三小時，讓我們能懂怎麼溝通。」

其實我一直覺得「學溝通」這件事情，不是和學數學一樣，套公式就能學會。學溝通反而更像是泡茶，當沉浸在其中夠久，味道自然就會出來。

我也認為，溝通中更重要的不是聽老師怎麼說，而是實際地去感受、應用，多去與人對話。所以，在這本書中，我更希望大家可以運用這些想法，也許用了之後，你會有

自己的見解。

不學技巧被說沒用，學了技巧，卻拿出去亂用

溝通當然還是有很多技巧，但背後的原理都是「如何看待當下的人事物」。

許多人總認為溝通是「只要我說了怎麼樣的話，對方就應該要怎麼樣做」。我覺得這很像網路上常見的撩妹語錄，這些語錄當然有效果，但如果看不懂對方與自己的關係，甚至是自身條件的差異（好比我說了很可能會被當性騷擾），這時，這個技巧就不是助力，反而是更大的阻力。

所以除了技巧，我更想談的其實是如何看待溝通的過程，期望透過思考，讓溝通有更多可能。

學會溝通，就能夠解決所有事情？

也有很多人覺得說服、談判、銷售等等都是溝通。似乎只要學會溝通，人生的一切都無往不利。

如果真是這樣，我就不用這麼認真地教學了，我應該可以當個成功的業務，或成為談判大師。

甚至連看似概念相近的「溝通」與「表達」，在很多時刻也是不一樣的。我認為溝通更重視如何理解對方，而表達更重視如何讓對方理解自己。

釐清這件事後，是不是很想放下本書，畢竟如果學溝通沒什麼用，為什麼要看呢？其實，溝通很多時候不是增加好處，而是降低成本。

溝通，是降低成本的思維

我們來想像一下，如果兩個溝通不良的人，針對一個事件討論時，可能會造成什麼後果？

也許兩個人要花很多精神力氣一來一往，也浪費許多時間，可能最後沒有結論，一件事都無法完成；或是兩個人都講到生氣，彼此產生很多情緒，甚至最後雙方撕破臉，連關係都沒辦法維持。

也因此，我認為溝通能夠降低的成本有四種。

時間成本

當溝通順利時，能省下許多時間。而有趣的，是很多人常覺得溝通很浪費時間，但其實不溝通可能更浪費時間。

以工作為例，我之前常常會「以為」對方知道我與他的分工，但其實對方不知道。最後我們分頭做了一模一樣的事，等於做了白工。如果事先說明清楚，也許只花不到百分之一的時間，就能阻止這種誤會。

價值成本

「價值」可能比較難懂，我想說的，是如果溝通順暢，那麼彼此的共識或許能創造出更多價值。

舉例來說，很多老闆總覺得某件事情很重要，打算叫員工去做，但在交辦的過程中，並沒有告訴對方這件事為什麼重要，導致員工最後做出來的成果與老闆的預期相差很遠。

如果老闆能多說幾個他在意的重點，或是給出幾個範例、概念，或許最終產出就能更有價值。

情緒成本

我認為一次順利的溝通，沒有太大的情緒反應，能夠讓彼此維持好心情。而這個「好心情」是大多數人忽略的成本。

思考一下，即便我們都是成熟的人，但在心情不好的情況下，是不是也會失去效率，甚至做出錯誤的判斷？舉個極端的例子：有沒有遇過一個人失戀，就茶不思，飯不想，完全失去生活？這就是情緒成本的可怕之處！

關係成本

「關係」比較容易理解，如果溝通不良，很可能會讓彼此的關係變得不好。所以很多的溝通術，其實都不斷地強調關係中的溝通，例如親子、伴侶、職場內外等等。套一句我的好友小虎老師所說過的話：「學說話不一定能解決問題，但不學說話卻很容易出問題。」

學溝通也是差不多的道理。很多時候，溝通不一定能馬上解決問題，卻能讓自己看懂關係，也看懂問題。我以前不能理解的事情，都是在學習溝通的過程中，忽然明白在那個狀況下，原來我們的關係是這樣。

我很喜歡看武俠小說，總是想像把裡面的各種招式和劍法搬到真實生活上。後來才發現，所有厲害的主角，很多時候不是修練了技巧，而是因為有了強大心法的支撐。

所以，在這本書裡，我整理了自己在學習溝通的過程中，從內而外的不同感受。包含心中的信念與價值觀、彼此的界線、理解自我的情緒。搞定內在之後，才開始思考為什麼對方會這樣說話，以及扮演不同角色時可能有什麼不同的應對方式，或不同的情境下可以怎麼發揮溝通的效果……

透過這些分享，我想讓你明白溝通並非依靠直覺，相信你一定能發現，溝通的力量是來自於我們的理解與選擇，而不是說話技巧。

也希望你能和我一樣，從溝通的旅程中得到一些「啊哈」。

Part 1

溝通的信念

真正決定溝通結果的，
絕對不是我們說出來的話術，
而是我們內心所嚮往的信念。

第1課

溝通的各種情境

如果你願意翻開到這邊，應該對於溝通有些興趣吧！不過溝通實在是一件很複雜的事情，所以我想邀請你來思考一下什麼是溝通。

最常和溝通放在一起的，通常是「表達」。假設在沒有標準答案的情況，你會怎麼樣定義這兩個詞彙呢？

很多人到這邊就會稍微卡住一下，接著有些人會說：「溝通是雙向的，表達是單向的。」這也是我一開始對於溝通和表達的認知。但如果表達只是單向的，我們是不是就不用去管對方，只要說我們認為重要的事就好了呢？

想一想也不完全，畢竟在表達之前，還是要思考我們怎樣說，對方才能聽得懂、明白我們想說的意思。可是，這樣好像又與純粹的單向說話有點不同。

如果看到這裡，你有點被弄暈了，先不要著急。我主要是希望透過許多的問題，讓你感受一下多數人對於說話情境的定義。

我也想透過一些自己的觀察，向你分享我的想法。先說這不是標準答案，但當我們在說話的時候，也許可以成為一些參考。

關於「溝通」

溝通，是先從對方出發。我們會看見對方的行為，或是聆聽對方的話語，接著我們去感受對方行為或話語背後的情緒，再去思考對方的動機。

這個概念有點像是薩提爾（Virginia Satir）的冰山理論，我們看見的行為或話語都是露出水面的一角，而冰山的下面還有許多值得探究的東西。

因此，在溝通的過程中，我們會花更多時間去理解對方心中的想法，並且盡可能讓對方感受到「我們想理解對方」的心意。實際執行時，比較著重「聽」和「問」，而這些都是為了建立起更好的關係。

關於「表達」

表達，是你我心中有一些想法，或是想要闡述的價值。我們透過思考，想想怎麼樣讓對方更容易理解我們所要說的事情。

在表達中，更重視的是思考邏輯、說的方式、渲染力。學表達的時候，我們往往也會運用多元的架構，例如一次說三個點，或是按照時間軸來說話等等。《忘形流簡報思考術》一書，就是在闡述這個概念。

雖然表達和溝通都是為了促進彼此了解，但在價值的傳遞上可能是相反的。表達是為了讓我們想說的東西被對方聽見，而溝通是去挖掘對方想表達的部分。

照著這樣的思路，可以想像對話是一個「丟接球」的過程。溝通的時候，我們其實是在思考怎麼樣可以更穩當地接住對方的球，並且找到這顆球想傳遞的核心價值。

而表達則是當我們把球丟給對方的時候，如何拿捏丟球的力道，或是當球本身太小或太大時，怎麼樣可以讓對方接住這顆球，理解我們要說的內容。

關於「說服」

如果我們說著想和對方溝通，但從頭到尾都不聽對方說，其實我們沒有在溝通，我們只是表達出我們的意見罷了。

這樣不聽對方說的表達，我們通常會給它另一個名稱，叫說服。說服，往往是一個人希望對方照著他的方式行動。

曾經遇過一個媽媽問我：「怎麼樣才能與他的孩子溝通，讓他早點睡覺？」我便反問她，知道為什麼孩子晚上不睡覺嗎？她說孩子晚上都在打電動，把身體都打壞了。

接著我又問：「那麼，你知道為什麼他都晚上打電動嗎？」她說她哪知道，她希望我告訴她一個方法，讓她的兒子可以晚上直接睡覺。我當時只能苦笑，如果有這樣的方法，不用出來教學，光靠賣這項法寶就賺翻了。

在說服的情境中，如果彼此之間沒有階級關係，那就要靠引發對方的情緒，或是讓對方覺得有道理。所以像簡報、說故事，甚至廣告，都是某種說服的情境。

而說服的好壞，是對方有否被強迫的感受。好的說服一直都能夠引發我們內在的動機，讓我們覺得這件事情是自己決定的，進而去執行。就像有些廣告，讓人一看就「有感覺」，或是有些專業的簡報讓人意猶未盡，甚至是直播帶貨讓人腦波變弱，這些就是強大的說服。

關於「談判」

當溝通和說服都沒有效果了，此時可能就得祭出絕招，例如打電動案例中的媽媽或許會說：「如果你再不早睡，那我就扣你的零用錢。」或是「你再不早睡，我要拔你網路線。」

這時候的對話過程，就進到了談判當中。談判，也就是雙方可能會拿出各種方式，讓對方願意妥協。

不過談判其實也不是都需要威脅，例如我們在市場買東西，問老闆買兩個能不能便宜一點，這也是種談判。

教我談判的Alex老師說：「談判就是為了解決問題。」所以很多所謂的職場溝通，我認為其實都是談判，好比即便我們雙方都清楚明白對方的意思以及價值觀，但老闆要我們留下來加班還是很為難的。

但萬一老闆說：「你今天留下來加班，趕完這個案子，明天補休一天。」這是不是又令人能夠接受了呢？所以我認為談判就是去思考，如何在資源以及對方在意的事情上做交換。

既然談判是為了解決問題，回到打電動的案例，如果媽媽換個方法向孩子說：「只要每天都早睡，白天再起來打電動，不但時間不會少，還會有額外的獎勵。」這樣會不會也是個可行的辦法呢？

關於「辯論」

最後，假設媽媽沒有採用這個方法，而是斷網路線，並且把小孩臭罵了一頓。接著孩子上網抱怨，說自己明明十一點就睡了，媽媽還是把網路弄斷。

於是有很多人支持小孩，覺得十一點睡已經很乖了，還有小孩半夜兩點都還沒睡呢。媽媽看到之後，在下面留言罵孩子，說十一點明明就很晚，十點才算早睡，網友們不要帶壞小孩。

接著網友們就開始與媽媽筆戰，媽媽火冒三丈，覺得明明自己講的才是對的，外人懂什麼，卻被無盡的留言淹沒。

這個場景就是辯論。所謂的辯論，重點不是打倒對方，而是讓現場的人覺得講得有道理。因此，每次看到公關危機的事件，很多事件主角一直停留在與網友互罵，這就有點可惜了。

在辯論中，我們要做的並不是吵贏對方，而是讓其他人認為我們講的很有道理，進而轉向支持我們。就像辯論比賽時，評審才是決定輸贏的關鍵，所以我們真正要說服的對象，是評審。

講了這麼多，我們來整理一下重點，透過這樣的脈絡，也許更能明白說話時的各種情境。

- 溝通：透過理解，建立關係
- 表達：理清脈絡，建立價值
- 說服：透過影響，改變對方
- 談判：資源交換，解決問題
- 辯論：拉攏評審，贏得青睞

【溝通思考題】

留下三個思考，沒有正確答案，希望你能夠想出屬於你的答案。

- 你最常遇到的說話狀況是什麼呢？
- 你都如何應對，和這一課提示的重點一樣嗎？
- 看完這一課後，你有考慮換個方式來應對嗎？

第2課

溝通，是為了建立隊友，而不是建立對手

剛出社會的時候，我總覺得身邊的人都超難溝通。我的第一份工作，是畢業旅行的學生團領隊，而這就是一個與人溝通的職業。

當時我認為最難溝通的人，是老闆。老闆老是提出很多我覺得不可行的方法，針對那些想法，我也提出了很多建議，但通通都被老闆否定。於是我總覺得老闆怎麼這麼難溝通，不能做的事情硬要做，還聽不進別人講的話。

而我的前輩們也總是很喜歡干涉我的做法。舉例來說，我認為應該讓同學留下美好的回憶，於是會帶著他們在各個景點拍特別的照片。而前輩總要我照著流程走，不要標新立異。

學校老師給我的指令，也讓我覺得非常莫名。明明是畢業旅行，為什麼不讓同學在車上盡興唱歌，而是要讓大家休息呢？又或是下車後同學明明就想自己去逛，為什麼要我帶著他們呢？

看到這裡，不知道你是贊同我，還是想打醒我呢？如果有個時光機，我大概會毫不猶豫地回去打醒自己。我總是說別人很難溝通，但其實最難溝通的人，就是我自己。

當你把溝通當成戰鬥，肯定沒人想與你溝通

當時，我的流程是這樣的：

【我認為你做得不對】⬇【我說出我的看法】⬇【你應該要照我的看法】⬇【如果不照我的看法，你就是不能溝通】⬇【你的溝通能力很差】

這時候，其實我根本不是在溝通，而是嘗試說服，甚至強迫對方。當對方沒有照著我們的方式行動時，我們就認為對方特別難溝通。

試想一下，如果你的老闆或同事對你說：「你等等有沒有時間？我們來溝通一件事。」你會不會在心中覺得忐忑不安呢？想著是不是自己做錯了什麼，還是對方要說服我做什麼呢？

我發現許多人認定的溝通，都是說服。當對方沒有照著我們的方式行動時，我們就認為對方特別難溝通。也因為這樣，很多人總是特別害怕溝通，覺得溝通就是我和你之間的對決，一定要讓其中一方妥協為止。

提供一個我對於身邊情境的有趣觀察，不知道你有沒有同感。

有些人常常會說：

「我們來溝通一下啊，我又不是不能溝通。」

或有些爸媽總是會和別人說：

「我們家最開明了，我們都會與小孩溝通。」

但你會發現，說出這些話的人，往往都特別難溝通。因為他們的潛台詞是：

「你有什麼想法你就說啊，反正我已經準備好反駁你了。」

為什麼會這樣？因為很多人總覺得接受對方的提議或妥協，就是自己輸了。而這樣的想法，無形中是把溝通想成了對立面。從以前到現在，當對方用這樣的態度和我們溝通時，我們有哪次聽對方的呢？所以請記得，溝通絕對不是說服，甚至強迫。

那麼，你可能會想問，溝通到底是什麼呢？

溝通，是為了建立有意義的關係

上周震宇老師的「溝通說明書」課程時，老師提到了一種溝通的定義：「溝通，是為了建立有意義的關係。」

剛看到這句話的時候，我其實疑惑了一下，為什麼溝通是要建立關係呢？溝通不就是要說話嗎？

後來才發現，其實溝通不全然是說話。也許一個眼神流動，對方就明白我的意思，這是溝通；我們早上遇到同事點頭示意，也是溝通。所有溝通的目標，都是為了確認和對方的關係。

而關係，是由兩個以上的人建立。當一個人不斷想主導對方的做法、想法，甚至價值觀的時候，另一方一定非常地不舒服。

因此，溝通並不是誰照著誰的方法去做，更多時候是確認彼此為什麼這樣想。

溝通，是為了建立隊友，而不是建立對手

回到一開始老闆要我做事的困境。老闆向我提了一件事情，我如果要照著自己的方法做，我會對老闆說：

「老闆，我站在第一線耶，你這樣一定不行。如果我是你，我就會……」

這時候，我就站到了老闆的對立面。但我其實看見了老闆想推行的新事物，感受到他想為公司帶來一些不同的做法，也許我不需要馬上反駁他。我會改說：

「老闆，你這點子滿酷的耶，我下次先去做做看，做完再回來向你說結果。」

我不一定真的去做了，但至少這一刻我和老闆站在同一邊。就算下次我向他回報那個方法不太可行，他也一定非常樂意聽我實作後的意見和回饋。

溝通並不是我們的最終目標，不是爭輸贏的結果，而是一個更理解彼此的過程。和對方站在同一邊看這件事情，而不是站在他的對面，也許會發現，很多的溝通障礙，都只是我們把對方當成敵人罷了。

【溝通思考題】

留下三個思考，沒有正確答案，只是想邀請你與自己對話。

- 你覺得最難溝通的人是誰呢？
- 你一定要和對方溝通嗎？
- 如果一定要和對方溝通，你會怎麼站在他的同一邊呢？

第3課

溝通，是為了找到共識，而不是彼此控制

在上一課中，你覺得最難溝通的人是誰呢？

每個人都一定有不同的看法，但學了這麼多年的溝通和人際關係之後，我發現這世界上唯一難溝通的人，其實就是「自己」。這並不是因為我們有多難搞，而是在我們的想法中有著「信念」。

感受不是來自外在刺激，而是內在信念

問個看似無關的問題：你有什麼不吃的食物嗎？如果告訴你今天的晚餐有苦瓜，不知道你會皺起眉頭，還是會很開心呢？

也許你認為苦瓜超棒，但對我來說，一聽到苦瓜就會皺起眉頭。同樣的苦瓜，為什麼讓人有不同的感受？決定感受的，就是我們的「信念」。

其實，我們的說話和溝通也只是一個媒介，真正重要的是理解對方的信念系統。我不太認同說話和溝通是一種藝術，或是一種能夠讓人舒服的公式和話術。我認為其實說話是我們信念的展現，也是生活模式。

我們選擇的信念，決定了我們的溝通，甚至生活

我每週都會找我的健身教練報到，當聽見教練說要挑戰上次的兩倍重量，該怎麼回應教練呢？

我一開始總是回答：「這太難了，我做不到啦。」於是我的進步幅度一直不大。有一次，教練從頭到尾都沒有告訴我這次的重量，就是讓我猛練。直到結束之後，他才對我說：「忘形，你今天舉起八十公斤好幾次耶，你以後就可以拉起和你一樣重的人了！你看，你做到了。」

我當時非常驚訝，原來我可以，怎麼可能啊？後來每次教練要我挑戰大重量，我的回答就變成：「好，我試試看。」雖然每週也就只練一次，但我的進步幅度變大了。

這個例子和說話到底有什麼關係呢？其實，我們說的話其實就代表了我們的「信念」，而這份信念決定了我們如何看待生活，看待每一個事件。當我們口中說出那句

話，我們就會想盡辦法證明那是正確的。

當我不斷地說「我不行」，就沒有辦法進步。而教練用了一些方法，繞過了我的信念後，我才發現原來「我可以」。從這一刻開始，我便練習在每次遇到挑戰時，說「我試試看」，而不是「我不行」。

我們所說的話語，其實都反應了我們的信念，也代表了我們自己。

說話的兩大信念：「好」與「對」

再來想像一個情境：你有沒有和朋友分享過自己認為很好吃的一間餐廳呢？

曾遇過一個狀況，當朋友A向大家分享某一間餐廳很好吃，朋友B突然跳出來說他上次去覺得不僅不好吃，服務還很差。這時候，A就不斷地說B其實愛挑剔，根本奧客；B則是說A品味有問題。讓在場的大家都看傻了眼。

那間餐廳明明不是A開的，A也沒有入股，A為什麼要如此生氣呢？而B其實也不必酸言酸語，為什麼兩個人就這樣吵起來了呢？我想是因為我們在說話的時候，想透露兩個訊息：

一、我是好的

二、我是對的

A和B雖然看起來只是在討論，但他們都是在證明自己才是「好」與「對」的。當兩個人意見不同時，我們又會把「好」與「對」兩個前提用偏差的方式放大：

一、如果我是好的，你與我不一樣，那麼你是壞的

二、如果我是對的，你與我不一樣，那麼你是錯的

在這樣的概念下，兩個人自然就引發了衝突。

而這個衝突真的是因為這間餐廳好不好吃嗎？不，是因為他們都想捍衛自己說話的「好」與「對」，進而變成「輸」與「贏」。真正引發衝突的，根本不是餐廳，而是這兩個人的信念。

更可怕的，是當我們拚了命想打倒對方時，對方反而會更堅定。你可以思考看看，當對方說出你的錯誤時，即便說的是對的，你是不是仍然忍不住與他槓上呢？

這也是因為我們內心產生另一個偏差的公式：

一、如果你是好的，那我就是壞的

二、如果你是對的，那我就是錯的

於是，衝突一發不可收拾，我們也就無法好好與對方溝通了。

溝通的前提：我們都對，也都很好

在分享餐廳的例子中，朋友A和B之所以吵架，是因為他們都在捍衛自己的好與對。但我們也許可以試著轉換一下信念：

一、我是好的，對方也是好的

二、我是對的，對方也是對的

三、我們會有共識，不需要控制對方想法

回到剛剛的案例中，當A分享餐廳很好吃的時候，也許B可以這樣回應：

「感謝推薦，那間我有去吃過，好像不太合我口味耶。如果你喜歡高CP值的餐廳，我這邊也有很多口袋名單，我們下次一起去吃。」

這樣的回應，是不是就不需要爭執了呢？

當信念一旦改變，溝通模式也會隨之改變。我在溝通的時候，會先從認同對方開始。如果對方語帶評判，我會認同對方的動機；如果對方正在情緒上，我會認同對方的感受。而我溝通所用的時間並不是浪費，而是為了找到雙方的共識。

所以，真正決定溝通結果的，絕對不是我們說出來的話術，而是我們內心所嚮往的信念。

【溝通思考題】

邀請你思考自己的信念系統，對自己愈了解，才能讓溝通更加順利喔！

● 想像一個最近與對方發生衝突的情境。
● 當你和對方意見不同，你當下是希望講贏他，還是理解他背後的思考點呢？
● 假設你們彼此都是對的，你會如何在認同對方的前提下，重啟溝通呢？

第4課

溝通，是為了好好說話，而不是好說話

上一課講到「找共識」的這件事情，很多人可能會覺得，所以如果要成為會溝通的人，是不是就要退讓，照著對方的方式做？或是要放棄自己，只為當一個好人？

之前讓我最困擾的一件事情，是因為寫文章引來不認同的人留言。不認同甚至是其次，往往還會遇到一些不理性的酸民嘲諷。當我向對方說明立場和觀點時，他可能會說：「你不是教溝通的嗎？怎麼還這麼嗆？」

我不是聖人，也常常忍不住生氣，在那個瞬間，我感覺到自己強忍的怒火真的都要爆發了。而這也讓我不斷地思考一個問題——學習溝通，是不是什麼事情都應該順著對方呢？

我們都知道，溝通就是要建立關係。但我們是不是忘了先問自己，這個關係是我們所想要的嗎？

好比很多時候，朋友對我們說出一些不合理的要求，我們是不是會覺得有點為難。

但這時，朋友又多補充一句：「唉呀，是朋友就幫忙一下啊！如果是你出事，我也會幫你啊。」

仔細想想，會說出這樣話的「朋友」，在我們的認知範圍中，大概不是值得赴湯蹈火的那種。如果真的是你很珍視的朋友請你幫個忙，你是不是一開始連想都沒想，就會答應了呢？

設定你的關係量表

如果要做好溝通，我們要先思考的可能不是當一個濫好人，而是把人際關係做一個畫分。從熟悉到陌生，我自己的畫分大概是這樣：

【完全不想建立關係的人】⬇【一般陌生人】⬇【同事、工作接觸的人、不熟的朋友】⬇【普通朋友】⬇【事業夥伴、有革命情感的死黨】⬇【知心好友、伴侶】⬇【家人】

聽起來好像有點複雜，但有一個量級表，我們就會知道自己在對方的請求和拜託之下，可以採取什麼樣的應對方式。

舉例來說，如果有人找我借錢，可能在前四項的情況下，我是完全不考慮的，但若是後三項，可能就會想想可以出借的金額大小。

當我們很清楚每個人的關係位置在哪邊的時候，其實就不需要猶豫。當我們如果對每個人都做到真正的一視同仁，這樣不是對和我們比較親密的人不公平嗎？我一直覺得，雖然人無分貴賤，但在我們的心目中一定有分等級，請記得把時間和心力留給我們真正重視的人。

別陷入對方的劇本

老是為難別人的人通常很喜歡給對方一個正向角色扮演，希望能逼對方就範。他們會說：

「你人這麼好，就幫忙一下啦。」

或者是：

「好朋友不是就應該互相幫忙嗎？」

想想，如果這時候不答應，好像我就不是個好人，或就不夠朋友了。所以很多人會在這個地方卡住，沒辦法開口拒絕。

其實我們不需要進入對方的角色扮演。如果遇到這樣的情況，我通常都會用一樣的方法來回應。例如：

「唉呀，你人比我更好，一定明白我的難處啦！」

或者是：

「對啊，既然是好朋友，我知道你一定不會勉強我的。」

對方如果還是繼續逼迫，那麼我們就明白，對方大概不是我們要去善待的人，而是應該遠離的人。像這樣的人，就會被我默默地放在「不想建立關係的人」當中。

不帶惡意的解讀

成為講師之後，常常會收到一些邀約。有一次，主辦單位希望我在講課前先提供投影片檔案。我表示不好意思，實在沒辦法。到了講課現場，對方又向我要投影片，我就又說了一次，這個投影片是我們的版權課程，沒有辦法提供檔案。

當時我覺得很生氣，於是就在自己的臉書寫下：「你聽課就是聽我講課程啊，你又沒有買我的投影片！你搭飛機出國，下飛機時會把空姐空少帶回家是不是？」

後來才發現，其實對方向我索取投影片，可能不是要拿去照講，或是廣為流傳，只是單純要核銷而已。又或是有些同學上課時希望有投影片可以參考，所以詢問可不可以先拿到一些資訊。

因此，後來遇到各種溝通狀況時，我都會先停下來想一下。也許對方希望我們幫的忙，在他的眼中可能很小，但在我們的眼中可能很難。例如，我的設計師朋友最常被問到：「你能不能幫我設計個logo？簡單隨便就好。」

設計師聽到這句話時，通常會很生氣，覺得設計是可以隨便的嗎？我花錢花心力設計出來，對方有要付錢嗎？然而這些話一說出口，很可能彼此的關係就產生裂痕了。

面對這種狀況，我對我的設計師朋友說，其實你只要報價，並且說明朋友可以打多少折，然後你也會盡心盡力地做。如果對方不能接受的話，也可以表示實在幫不了這個忙。畢竟每個作品在設計師的眼中，都是非常重要，沒有隨便做的。

對方當然也有可能被設計費用嚇到，但如果真的是好朋友，就應該會覺得這樣的堅持才是對的，無論最後是否有合作，都不會打壞感情。後來他也就這樣溝通往來，不但沒有委屈自己，也多了案子和作品，更知道哪些人值得深交。

講了這麼多，其實重點就是——溝通真的不是好說話，而是好好說話。

學溝通不是只能退讓，而是知道在哪些關係中，你能夠多給對方一些；而在哪些情況下，我們要守住底線；又或是遇到哪些人，我們應該要果決斷線。

面對有人踩線，或是冒犯到自己的時候，也不要急著生氣，或是馬上和對方產生衝突，反而可以好好說明自己的立場，以及問清楚對方的需求。然而當對方真的就是為難、進犯的時候，我們自然也就不需要退讓了。

【溝通思考題】

課堂的最後，想留下三個思考。沒有正確答案，希望你能夠想出你的答案。

- 就你的關係來設定不同等級，你會怎麼設定呢？
- 有沒有最近誰說話讓你很生氣呢？情況是什麼？
- 如果假設對方不帶惡意，你會怎麼樣重新與他對談呢？

第5課

溝通，是為了找到方法，而不是找到罪人

在上一課中，我們講到了要預設對方不帶惡意，但在大多數的情況下，我們很常會遇見惡意。

以前，我很討厭和一個前輩開會。當他主持會議時，常用這樣的話語來說明：

「上次那個遊覽車，訂得真是糟糕，到底是誰決定訂那家？」

「之前忘形不是有去場勘嗎？為什麼這個飯店爛成這樣？」

「這是誰寫的流程啊？爛透了！」

和他開會時，我常常在心裡埋怨這人講話一定要這樣嗎？為什麼不能好好講話？直到慢慢熟識後，才發現他是個很照顧大家的人，每次遇到事情，也都會幫忙解決。

那到底為什麼，每次聽他講話都讓我有點頭痛呢？後來，我終於找到了答案，大概是因為他在講話時，都不斷地在找「責任歸屬」。

我一直覺得，在溝通當中傷害最大的就是找責任的過程。還記得我們在第三課說

過，人要證明自己「好」與「對」的兩個需求嗎？

假設在一個事件中發生意外或狀況，人很容易就會判斷這是錯誤，或是不好的。接著會下意識地希望自己不是不好的那個，於是便把錯的或壞的部分歸屬給別人。

當我們要為一件事情負起責任的時候，也常常就會把錯的或壞的標籤放在自己身上。這時我們會產生情緒，以致於很難與對方繼續溝通下去。

好比我每次打電動，玩一些競技類的遊戲。隊友之間當然會有一些技術差異，我以前也很常大罵隊友，覺得「你是不是白癡啊，就是你剛剛害了全隊」。

這名隊友後來有打得更好嗎？相信我，保證沒有。不要說打得更好，很多人甚至會擺爛，甚至不打了，寧願輸掉比賽。這時候，我就更生氣了。

但生氣不能解決問題，那時我才發現，「找戰犯」這件事情，就是把責任怪罪到對方身上。

先不找罪人，而是找方法

有次講完課後，有個同學分享心得，說她想要叫她的老公來上這堂課，因為她的老公是多麼地不會溝通。

於是，我向她說：「還記得嗎？溝通不是去歸咎責任。我們不是要去想『都是對方的問題』，而是要想想在這個環節當中發生了什麼事情，我們可以怎麼樣調整或是修正，對嗎？」

那位同學可能有點難為情，但萬一她回去之後真的對老公說：「課程裡面有很多都在講你啦，你趕快去上課。」是不是反而會吵架，更不可能改變溝通了呢？

我常也在社群上貼一些有關人際關係或溝通的簡報或文章，有人會在留言處標記另一半，並說：「你看，這就在說你啦！」對方或許會回：「我哪有，你才這樣吧！」

但也有人是說：「這篇與我們的狀況好像，對不起，我下次會努力試試看。」他的伴侶回答：「我也常常忽略，真的很抱歉，我們一起加油。」

你覺得哪一對伴侶，更有可能走得長久呢？

如果我們能夠有意識地發現，溝通不是要找戰犯，而是為了解決問題，以這樣的前提展開對話，通常會有更順利的結果。

說話時，把責任放在自己身上

有次等高鐵的空檔，剛好有個保險電銷員打電話給我。她開頭快速說了幾個這張保單的優點，我發現剛好可以補足我之前的一些缺口，就請她繼續說下去。

接著她很認真地向我介紹，但我在聽的過程中，反而愈來愈想掛電話。並不是這張保單不好，也不是她講解得不清楚，而是她有一句口頭禪讓我超級介意，那句話是：

「張先生，你懂我的意思嗎？」

其實對方也許沒有惡意，只是想確認我是否明白，所以三番兩次地說出這句話，但這就讓我感到有點厭煩。

所以我就感謝她的說明，並且掛了電話。後來，我再向我的保險朋友詢問時，她也對我講了一些概念，接著她的確認是：

「我這樣會講太快嗎？有沒有需要我額外補充的地方？」

當她講出這句話的時候，我馬上就理解了我先前感到厭煩的原因。當我們在說明時，如果認為「聽不懂」是對方的問題，就是把理解的責任放在對方身上。

但我的朋友在講解時，她認為既然我聽過了，不如快速講重點。但又怕自己講得太精簡，於是確認有沒有要補充的地方。這時候溝通的責任就在她的身上——如果我聽不明白，那是她的問題。

一個簡單的改變，就能讓對方在聽我們說話時，有完全不同的感受。因此，展開溝通時，請記得我們不是在找誰應該要為溝通負責，而是為了找到讓彼此更能夠建立好關係的方法。

當然，如果你已經釋出了善意，也盡可能地承擔溝通的責任，對方卻理所當然地覺得：「對啊，就是你的錯，都是你不好。」這時候可能要思考的是上一課的問題——如果對方完全不能溝通的話，你會把他放在什麼等級呢？

【溝通思考題】

課後，一樣留下三個思考。

- 最近有沒有衝突的例子，是因為彼此指責呢？
- 如果你能夠為這次溝通負起責任，你會怎麼樣重新交談呢？
- 如果對方聽完後，覺得還是你的問題，你該怎麼辦呢？

第6課

放下自動導航

看完了前面幾課，你可能會想——我不是來學溝通或說話的嗎？為什麼一直講到信念和價值觀的問題呢？

這幾年來，我發現溝通的盲點往往不是說話的內容，而是因為我們進入了自動導航模式。

講話前，就先貼了標籤

請你思考一下：有沒有這樣的一個人，只要他一向你說話，你就覺得不耐煩。他可能是你的同事，甚至是家人，看著他的來電，或是通訊軟體的訊息通知，你就有一種厭煩感。

當他都還沒開口，我們就已經對他有不耐煩的感覺，他講第一句話，我們確定他就如自己所料的厭煩，即便他今天講得頭頭是道，通常我們也不會改觀，而是會在心中想著今天太陽是不是打西邊出來，這人居然轉性了。

這是不是因為我們已經對對方有成見了呢？而帶著既定印象面對人，是不是在溝通上就變得困難了呢？更甚者，面對喜歡的人，是不是更是如此？當我們想要在對方面前表現的時候，往往更容易手足無措？

想起以前講課的時候，若發現今天有總經理、董事長、高階長官在台下聽講，我當下都會非常緊張。事後想想，為什麼要受影響呢？但沒辦法，當事件發生時，我們的頭腦常會有一些反射性的想法。這就是我們的信念，也是我們的溝通障礙。

讓我們自動導航的「捷思法」

大腦要處理的事情太多，所以會把事物分成兩大類，一類是得非常專注的理性思考，另一類是反射性的自動導航。

自動導航的最大好處是省時間，我們可以花非常少的時間判斷一件事，進而行動。最大壞處是這些溝通看起來很有效率，但往往沒辦法達到效果。更糟糕的，是我們常常自動導航，卻以為自己正在理性思考。

有一次，老婆回家分享她上班時遇到的事情，大抵是同事和客人的一些狀況。我當下就說如果是我大概會怎麼做，接著她對我說：「我知道該怎麼解決，我只是希望你聽我說話，可以嗎？」

在那個瞬間，我以為自己開著理性思考的系統，其實我是自動導航到了要幫她解決問題的路徑上。即便我很認真地想著要怎麼幫她解決問題，但當方向不對，我的行動不只白費，反而還招來討厭。

這有個專有名詞，叫「捷思法」，指的是我們常常會運用自己的經驗來處理事情。我很喜歡把這個行為稱為自動導航，也就是我們沒有放注意力，而是靠直覺去處理。

捷思法有非常多種，分享兩個常讓我們陷入溝通困難的情境。

定錨式捷思法：少數經驗的偏差

你有沒有過在社群媒體看到過一些文章，大意是說好男人都死了，或女人都愛高富帥。他們會陳述切身經驗，每個故事大概都可歌可泣。而共通點可能是要告訴你——再也不要相信愛情。

定錨式捷思，簡單來講就是經驗法則。造成的後果可能是剛愎自用，更糟糕一點就是倚老賣老。

這種思考的盲點，是用很少的樣本，就決定了事物的模樣。因為不再去嘗試，所以也不會受傷。但壞處就是因為不嘗試了，所以發生狀況時，反而無法應對，造成更慘痛的傷害。

好比我身邊有個長輩，每天都在對他的孩子們說不要相信朋友，很多人都是要你做業績，不然就是來騙錢，最後這位長輩在某宗教團體中花了好幾百萬……

這種捷思法的最大盲點，是除了盡信自己的經驗以外，不相信其他人所說的話。當別人與他的經驗不同時，很可能就會與之辯論，甚至爭執。更可怕的，是我們永遠都會想證明自己說的是好的，是對的。

代表性捷思法：歸類群體的誤判

如果一個四川朋友找你吃飯，你會不會想帶他去吃辣呢？或有一個人非常愛省錢，你覺得他可能是台灣的原住民，還是客家人呢？

你心中即便知道是陷阱，還是會不爭氣地想到答案吧？其實代表性捷思法非常簡單，就是你參考一個模型，快速對其做出判斷。例如參考血型、星座、種族、地區、性別等等。

代表性捷思法的壞處，是如果對方不符合該類別的特性時，可能會造成溝通困難。如我的慘痛例子，曾經有一個四川朋友來台北，我對她說：「走，我帶你吃麻辣鍋！」結果她對我說她不吃辣……

但代表性捷思法也有一個好處，是當我們能夠歸類對方時，就能夠接受他的某些行徑。例如碰上一位新主管，講話時主觀性很強，又希望帶領的部門能夠贏別人。你可能會感到厭煩，為什麼要這樣搞呢？後來得知對方是獅子座，你會不會忽然覺得「難怪」、「不意外」，最後就釋懷了呢？

代表性捷思法可以讓我們快速理解對方的情況，也許更能夠體諒他人。但在溝通中，也可能讓我們不自覺標籤對方，帶著成見對話。像是很多失言風波，說年輕人就是太會花錢，或原住民就是愛喝酒等，都是這種捷思下的盲點。

可以導航，但要確保程式正確

自動導航並不是不好，如果能夠找到適合的模式，這兩種捷思法其實都能夠為溝通帶來更好的效益。

話術。

我有個同學開店，他說他常常遇到奧客，每次都問我怎麼與客人溝通，有沒有什麼話術。

聽他說完，我才知道他的問題根本不是話術。例如客人一旦問物品價錢，他就認為客人是在嫌貴；客人一想殺價，他就會和客人吵架。他的自動導航是把客人先當成敵人，等到他發現客人沒有那個意思時，已經被客訴了。

自動導航最可怕的，就是基本程式錯誤，每跑一個新的情境就要重新修正。真正要治本，並不是學什麼話術，而是我們先明白溝通的思考方式。

【溝通思考題】

這一課有突破你以往的盲點嗎？留下三個思考題給你。

- 你最常對誰開啟自動導航呢？
- 思考一個你常用的定錨性捷思法（你深信不疑的經驗）。
- 思考一個你常用的代表性捷思法（歸納某個群體）。

Part 2

溝通的界線

如果能夠拿捏好這條線，
那麼不只是溝通，
甚至能夠讓人生變得更美好。

第 7 課

溝通的修練：理解界線

阿德勒（Alfred Adler）說過一句話：「所有的煩惱，都是人際關係的煩惱。」

第一次聽到這句話時，老實說，我認為這個說法太過武斷，但又說不出什麼反駁的點。直到後來，我想通了一件事，那就是很多人常說的：「做事容易，做人難。」

只要是與人無關的做事，例如打掃家裡，就是努力做，花點時間做，事情再怎麼繁瑣都能做完。但如果要與一個人溝通，即使已經努力了好幾年，有時不但沒效果，甚至還會產生反效果。

這是因為，許多事情都是能夠控制的，「人」卻是不能被控制的。而這個概念要提到阿德勒的「課題分離」，簡單來說，就是每個人做好自己的課題，而不是去做別人的課題。

聽起來超簡單？但做起來真的超級困難。我們往往會在不知不覺當中干涉別人的課題，來看看阿德勒說的三個常見的干涉形式。

控制

所謂控制，就是希望對方滿足你的期待，最常發生於有階級的關係。例如爸媽對兒女、師長對同學、上屬對下屬，甚至情侶夫妻對於另一半等等。

控制者的心中有一個絕對的好與壞，如果不符合他的期待，就是壞的。所以他要想盡辦法把你變好，也就是所謂的「為你好」。聽到這裡是不是有點熟悉？有多少的控制，都是以「為你好」的形式存在的呢？

許多習慣控制一切的人，往往覺得控制是理所當然。畢竟他們認為自己的價值觀才是純然的好，甚至會試圖扭轉別人的價值觀。我在社群上發表一些親子議題的時候，總會有家長跑來抗議，說自己的孩子就是接觸到我們這種不對的思想，才使得孝道倫理不復存在。但我想說的，是他們慣用孝道來控制子女，當子女發現能夠脫離孝道的禁錮時，當然求之不得啊！

控制的可怕之處，還在於控制者往往把別人當成自己生命的延伸，也就是他們認為別人需要照著他們生命的模樣而活。等到被控制的人產生自我意識時，或許會反彈，甚至是抗爭。這經常也是許多關係之中的痛。

討好

有人控制，就會有人討好。討好就是做一些自己不喜歡，甚至厭惡的事情，以博得對方的歡心。通常在控制的環境下，對應著的就是討好的人。

討好，是把自己的價值交給對方，由別人來為我們打分數。所以很多討好者，內心之中都有一份自卑。他最怕的就是別人不喜歡他，所以他得不斷地勉強自己，希望每一個人都可以喜歡他。

我自己以前就是個十足的討好者，舉例來說，本來中午想吃湯麵。但若同事說：「天氣這麼熱，誰要吃湯麵啊？」我就馬上改吃乾麵。這不是因為我想吃乾麵，而是因為我很在意同事說的話，不希望對方不開心，所以壓抑自己想吃湯麵的欲望。

在這個事件中，可以看見討好者的幾個關鍵字：害怕衝突、勉強自己做不喜歡的事、滿足他人期待等。討好者和控制者也常常湊在一對，因為討好者就是不斷把自己的界線往後退，正合控制者的意。

和討好者短期相處是很不錯的，但長期下來，這樣的人經常會成為被欺負的對象。因為缺乏界線，所以大家都會想把事情丟給他，最終討好型的人可能有做不完的事，大家還是認為理所當然。

這就是沒有設定明確界線的下場。以前我總是委屈，抱怨為什麼都沒有人體諒我，後來才知道並不是別人不體諒，而是我不懂得拒絕。畢竟討好人和當好人是不一樣的，好人必須要有清楚的界線。

包著討好的控制

最後要說一個有趣的變形，與控制和討好比起來，「包著討好的控制」這個概念比較難理解，但我舉個例，你可能就馬上明白了。

有個媽媽，不管再忙再累，總是會回家煮飯給孩子吃。結果有一天，她發現孩子吃得很少，於是問孩子發生什麼事。孩子對她說：「今天下午有和朋友吃點心，所以沒有很餓。」

沒想到媽媽大發雷霆，開始說自己今天有多累，煮飯多辛苦，結果自己的孩子居然在外面先吃了？孩子聽完後也覺得媽媽很辛苦，於是他對媽媽說：「媽，沒關係，我可以在外面吃，這樣你就不用這麼辛苦了。」

沒想到媽媽更憤怒了，還哭訴著自己為家人付出了多少，大家都不明白當媽媽的苦，都在糟蹋她的付出……其實她要的，只是扮演一個好媽媽的角色，希望孩子可以配合演出。

但孩子的想法是不希望媽媽這麼辛苦，於是提出自己可以在外面吃的選項。但這妨礙了媽媽想要成為的那個形象，最終兩方都不歡而散。

看到這邊，你可能有些既視感，有些人會說這算是某種情緒勒索，但我認為這就是一種包著討好的控制。這類型的控制者會非常認真地付出，但這份付出的背後，是希望得到他們想要的結果。要是結果不如預期，他們就會表現出施壓的那一面。

這不只是在家庭，也有很多人問我為什麼明明對喜歡的對象很好，對方卻不理他。我會反問：請問對方有明確地表達需要你付出，並且說明回報方式嗎？如果沒有，這樣的做法不是讓人壓力很大嗎？

我們對別人好，也會期望對方對自己好。但我們還要明白一件事，那就是對方不一定會回應這份好意，回應方式可能也不如我們的預期，而這並不代表對方是要糟蹋我們的心意。

界線就是尊重

在這一課裡，我想分享的一個簡單概念——即便是親子、夫妻、兄弟姊妹、朋友，或同事夥伴的關係，每個人都還是一個個體，有自己的界線，也都有自己的責任。而理解這個界線，就是尊重。

控制者插手管起每件事情，就是把對方的責任背在身上。而討好者想辦法依附著他人，也就是讓別人背起自己的責任。下一課，我再來分享避免控制和討好的修練方式。

【溝通思考題】

讀完這一課，換你來想想這三題。

- 你身邊有控制的例子嗎？你最想控制的對象是誰呢？
- 你身邊有討好的例子嗎？你最想討好的對象是誰呢？
- 思考一個你周遭「用討好包裝控制」的案例，你覺得他想要的是什麼呢？

第8課

控制型語法

上一課說到界線就是尊重，你可能會想，這件事情與溝通的關聯是什麼呢？來實際思考一下，假設你去看了很喜歡的電影，事後和朋友聊天，朋友對你說：

「你怎麼會花錢去看這部電影？」

「你是不是眼光有問題啊？」

「你應該要去看另一部才對啊！」

看到這些句子有什麼感覺呢？是不是想翻個白眼？其實，這就是我好幾年前的說話方式。以前常常覺得自己的人際關係不好，大家總認為我說話很「白目」，或是不懂得尊重，但我一直都找不到關鍵。

畢竟，我當時一直覺得自己又沒說錯，這不就是事實嗎？其實這些都不是事實，而是我的主觀判斷，也就是控制。而無論是控制或討好，其實都是一種不安全感。

控制是將不安全感外部化，當人在控制模式時，都會覺得自己是絕對正確的，是世界的規則。所以可能會攻擊對方，爭論對錯輸贏，或是逼迫別人聽我的。

在這樣的說法背後，其實就是害怕外界不認同自己，才需要用許多強加的方式，讓其他人和自己的價值觀相同。我常覺得控制是一種「價值觀暴力」，好比當時我的說話方式，正是一種帶著自卑的驕傲，而這樣的說法，常常會打壞關係。

控制的模式大致可分為三種，分別是「貶損」、「對錯輸贏」與「強制」。

貶損

貶損，其實就是去攻擊對方的價值觀。比如：

「你怎麼會這樣做啊？第一天來上班喔？」

「我覺得你的企畫根本是垃圾。」

「這東西超難吃，你怎麼會買啊，錢太多嗎？」

這些例子或許誇張了些，但如果仔細想想，這些話語其實在我們的生活中層出不窮，也容易在有階級的關係當中出現，好比父母對孩子，老闆對部屬等，尤其在一些封閉式組織（例如軍中）更為明顯。

他們的思路是這樣的：

【你和我有不同價值觀】⬇【你是錯的】⬇【貶損】

他們認為自己階級較高，就是絕對正確的，當對方偏離時，便用貶抑甚至責罵的方式來讓對方屈服。遇到這樣的情況，如果短期內無法避開，重點是不要讓這些攻擊的話語往心中去，因為愈吵可能只會讓關係更糟，或是進入另一種「對錯輸贏」的模式。

對錯輸贏

當一個人把自己的價值觀當成世界的中心，在溝通時，往往會將他的價值觀加諸在別人身上。除了貶損之外，他們還會在乎對方是不是認同自己，例如：

「原諒我講話直，我覺得你真的很胖。」

「這哪是變壯？明明就是變胖好嗎？」

「我說真話難道錯了嗎？這本來就這樣啊！」

他們思考環節通常是：

【討論或貶損】⬇【被反駁】⬇【捍衛輸贏】

這樣的人無論階級，總覺得自己才是那個對的人。他們在乎的不是對方的想法，而是為了證明他們是對的，要講贏這場對話。

遇到這樣的人，最重要的不是講贏他們，而是盡速切斷連線。如果與他們認真，可能關係沒建立到，還被弄得一肚子火。

強制

強制的話語，我們一定都聽過，這也通常是關係中的殺手，可以用不悅甚至憤怒的語氣來念一下這幾句話：

「你應該要好好念書！」

「你給我在八點之前回來！」

「你在做什麼？你在哪裡？為什麼沒接電話？」

我認為這些強制句型完全把不安全感表露無遺，因為害怕自己無法掌握對方，所以不斷地發出訊號，讓對方在意自己。

他們的思考環節大概是：

【無法掌握】⬇【憤怒】⬇【強制對方】

強制句型聽起來像是命令，但背後其實是在處理說話者的焦慮感。我們依然可以回應，但不需要把對方的情緒背在身上。這類話語通常出現在有階級的關係上，也常常發生在親密關係當中。

面對控制型語法

還記得控制是一種不安全感嗎？這時候最好的做法，是回應他們的期待，但不要接受他們的情緒。

我們可以拉開一些距離，假設遇到常常這樣講話的新朋友，我通常會默默淡出，不和對方有太多交流。如果遇到避不掉的場域，例如職場或家庭，那麼我會重新思考溝通的目標，不要讓自己被對方拉走。

而如果你發現自己很常使用控制型語法，請不要擔心，因為我之前也是這樣，甚至不只你我，大多數人也都是這樣的，所以才需要學習溝通。下一課，我會與你分享我的修練過程。

【溝通思考題】

最後，輪到你練習了，請你思考三個問題。

- 你身邊的人會用控制型語法嗎？
- 面對控制型語法，你都怎麼應對呢？
- 你平常會用控制型語法嗎？是在什麼情境當中呢？

第9課

調整控制心態

如果你看到上一課的控制句型，發現自己很常說出控制的話語，到底該怎麼辦呢？別擔心，控制感其實是每個人心中都非常需要的部分，重要的是如何與對方建立起關係。也許我們可以在這些地方做一些調整，讓自己能夠更好地表達與溝通。

說出事實，而非貶損

我們之所以會貶損對方，原因是在於我們認為對方不照我們的方式做。例如，我們會和對方說：

「你怎麼連這種事情都做不好？」

還記得溝通就是和對方站在同一邊嗎？當我們攻擊對方的價值，覺得對方好像很笨、所以做不好的時候，我們就沒有與對方站在同一邊，甚至把對方當成敵人。

我們可以換個方式，其實說出這句話的目的並不是要罵他，而是讓事情能夠完成。我們只是對於對方的表現不太滿意，與其攻擊對方，不如去提醒對方沒有做到的事情，例如：

「我發現你的這件事情有A、B、C三個地方沒有完成，所以才導致最終的結果不如預期。」

這樣的說法，讓我們能專注在問題上，而不是專注於對方的能力好壞。而既然我們都要一起解決問題，那麼我們彼此就是夥伴，也就站在同一邊了。

所以，當我們發現對方所做不符合預期時，可以想想責備對我們要達到的目標有否幫助？如果沒有，那我們要如何說出更有建設性的內容，讓對方更好。

理解對方，而非爭對錯輸贏

很多時候，我們之所以要和對方爭對錯輸贏，有很大一部分是因為對方和我們看法不同。當對方不同意我們時，我們就想要講贏，而衝突就是從這個地方開始的。

當時還在旅行社工作，我和一個學弟爭執過便當應該怎麼訂才好。他認為可以讓客人有多一些選擇，我認為便當就訂一種就好，除非特殊飲食，不然會引起沒有選到想吃品項的客人不滿。

就因為這件事情，我們吵到面紅耳赤，我還撂下狠話，要他以後自己弄，不要再來問我，搞得雙方都很不愉快，甚至到我離職後都沒講過一句話。

幾年後，我在一個同事的婚禮上遇到他，又聊起這件事情。我先向他道歉，說了我當時的想法，並且反省自己有點太自以為了，也想問問他那時怎麼會想這樣訂便當。

沒想到他也向我道歉，說其實他心裡知道我是對的，只是因為在他的經驗中，覺得坐車吃便當已經不是太好的體驗，想讓客人至少吃到喜歡的便當。甚至後來他也只訂了一種便當，改成雙主菜而已，當時不過是那一口氣吞不下去。

如果我當時不與他吵架，而是理解他當時的想法，也許我們就能一起找到妥善處理的方法。好比我可以說：

「你訂三種便當是因為客戶的要求嗎？我之前訂太多種反而被客訴，我想說先找你討論一下。」

在這樣的話語中，我運用的方案不是直接問為什麼，而是先詢問對方動機，再說出我自己之前的慘痛經驗。這時，我沒有告訴對方誰對誰錯，而是交給對方判斷，自然就能拉出更多的討論空間。

當發現對方和自己不同，而覺得對方可能做錯之前，也許可以先問問對方為什麼這樣做，並且說出自己的慘痛經驗或成功經驗，讓對方更有信任感。這時開啟的對話，就不會只是對錯輸贏之爭了。

說出自己的希望，而不是對方的應該

如果能理解貶損和對錯輸贏的概念，我們也就不太會強制他人做些什麼事情了。因為我們清楚知道，每一個人能夠控制的都只有自己。除非對方願意聽你說，那麼我們可能可以用話語影響他，但這不代表我們能夠控制他。

不過當關係中有階級存在時，這件事就變得困難了。例如父母可能會對孩子說：

「你應該去讀書啊！怎麼會還在打電動？以後沒出息。」

站在父母的立場，他們認為自己可以管教小孩，因為孩子是他們的所有物。當然類似的話語也可能發生在主管、伴侶，甚至朋友上。

除非對方對我們的感受是「崇拜」，例如宗教、偶像、各種大神等，否則當我們強制對方做什麼的時候，對方往往會覺得反感。

從小到大，是不是每個強迫你做某件事的人都挺煩人的？父母要你多讀書的時候，你是不是會想起很多明明沒上學，卻也有一番成就的人士？

人有趣的地方就在於，別人愈強迫，我們就愈反彈。當我們發現想向對方說一件事情而對方其實並不接受時，記得不要強迫對方接受，不如說出我們心中的希望，並且交給對方決定。

好幾年前，有一次老婆回家分享工作上發生的事，我聽完後無意識地對她說：

「你應該下個月就去提離職，又不是缺這個錢，何必這樣呢？」

這聽起來就是強制加上貶損吧？這就是自動導航帶來的危害，老婆當下就表現得不太開心，我也忽然發現自己講錯話了。

如果能重來，我可能可以說：

「我希望你可以提離職，因為你聽起來不太開心，這樣我也覺得難受。」

這樣說是不是好多了呢？

避免價值觀判斷

還記得溝通是什麼嗎？溝通是找到共識，而不是彼此控制。

當我們能夠畫出明確界線時，會發現每一個人都是獨立個體，都有自己的價值觀。

而減少衝突的最好方法，就是無論我們認為自己再怎麼對，都要避免把自己的價值觀加在對方身上。

〔溝通思考題〕

如果你很習慣控制對方，給你三個思考題，也許能夠讓未來的溝通更加順暢。

- 責備（貶損）會讓你的目標更容易達成嗎？如果不會，你想怎麼做呢？
- 你的溝通目標是爭輸贏對錯嗎？如果不是，你會怎麼樣理解對方呢？
- 最終要為結果負責的是誰呢？如果不是你，為什麼會想介入呢？

第10課
討好型語法

控制的語句行不通，那麼討好一點總可以了吧！

其實討好在人際關係的一開始是很受歡迎的。因為這種說話方式通常帶著禮貌、客氣、忍讓。你可能好奇這樣的用法，怎麼會被別人討厭呢？

思考一個情境。如果大家約好一起去吃韓式料理，當你再多邀約一位朋友的時候，他說：

「看大家，我都好。」

用餐期間，你發現他沒吃什麼。你想說他是不是發生什麼事情，或是心情不好。但無論你怎麼問，他都對你說：

「沒事，我不太餓。」

吃完之後，你們決定去逛街，他卻到便利商店買了東西吃。你很疑惑，為什麼他剛剛說不餓，後來還去買東西吃呢？

追問之下才發現，他根本不吃辣。

於是你又問他為什麼不早說，告訴他只要提出意見，大家也可以改吃別的，何必要這樣？

接著他告訴你：

「大家都想好了，這樣很麻煩大家。」

這時你生氣也不是，不生氣也不是，要他說出來，這樣大家才知道他的想法。他便回應你：

「對不起，我知道這都是我的錯。」

不知道你看到這邊，會不會覺得與這樣的人相處，其實壓力很大呢？

在經歷了某次失戀後，我有很長一段時間就是討好型的人。明明有自己的想法，為了配合，所以選擇不說。

為什麼要這樣做？我覺得是害怕被拋下。討好的語法通常是以避免衝突為主，但這個避免並不是真的避免，而是壓抑自己的想法，表現得比人矮一截。

因此，與控制者相反的，是討好者通常會想辦法把自己縮小，呈現的模式大致可分為三種，分別是「壓抑不表態」、「過度禮貌」與「都是我的錯」。

壓抑不表態

這句的重點不是表態，而是前面的壓抑。也就是內心明明有想法，但可能因為與大家不同，或是說出來怕被討厭，因此壓抑自己。具體的展現並不是在語法，而是在話語背後的動機。

我們有時可能會感覺到對方明明有想法，甚至有情緒反應（例如生氣），卻說著沒事、沒關係。而在這樣的情況下，已經察覺討好者的壓抑，我們反而會更想弄清楚討好者要做什麼，容易把場面鬧得更僵。

壓抑不表態的思路大概是這樣：

【我好像與大家不一樣】⬇【反正我不重要】⬇【那照你的吧】

在面對壓抑的討好者時，其實不是要逼他表態，而是給他更多安全感。而這個安全感可以從「站在同一邊」的概念出發。以一開始的吃飯為例，我可能會提出：

「我想聽聽看你的意見，因為我不太愛吃韓式。」

這麼做是因為本來大家是同在一個群體當中，逼不同邊的他表態，但當我們提出一個不同的意見，而其他人也還沒加入時，他通常會更願意分享他的真實感受。如果真的要向團體對話，也記得站在自己的立場，不要把他推出去。

過度禮貌

過度禮貌不是指很常道謝，而是討好者在對話時，太害怕自己會冒犯了對方，即使是一般對話，也要不斷確認對方的感受。

像是某一次，有個同學一大早問我問題，得到解答後，他便去洗手間了。過一陣子，他回來對我說：「忽然發現剛剛問一問就去上廁所，好像有點沒禮貌，請老師不要介意。」我說我完全不介意，有人問我問題，我很開心。

中午的時候，他又來問我問題，問完並道謝之後，他反說自己真是問題很多，怕造成我的問擾。我回答：「不會啊，身為老師，很喜歡同學問問題，也代表你信任我。」他接著又說他怕自己的問題好像很笨，希望不要浪費我的時間。

當時我就反思自己，我在他眼中，是個會介意這麼多事情的人嗎？後來轉念一想，其實他和我一樣，常常被人家說太過客氣了，原來這樣反而會讓人感到困擾。

我認為過度禮貌的思路大概是這樣的：

【對方好像比我高一等】⬇【我好像會打擾或得罪對方】⬇【我要不斷確認】

面對這樣的情況，其實只要看懂他背後的不安全感就好了。我們能做的，就是努力用平等的方式與之對話。

都是我的錯

不知道你身邊有沒有這樣的人，他無時無刻都在說對不起。

這個道歉並不是因做錯事而道歉。就算不關他的事，他也會找到理由道歉，而如果是他出錯的事，他可能可以道歉一整天。假若事情已經解決，對方不斷道歉，除了一直提醒我們這件不愉快的事情外，好像是我們修養不好，沒有原諒他。

其實在這背後的關鍵，是他害怕做錯，因為這樣很可能會被拋下。他採取的模式通常是：

【發生了一件不好的事】⬇【應該是我的錯】⬇【趕快道歉】

又或是他認為道歉一次好像不夠，於是他就繼續採取這種做法：

【做錯事後道歉】⬇【還是感到內疚】⬇【繼續不斷道歉】

我認為討好者的道歉不只是請求原諒，而是藉由道歉的過程，也進一步地清除自己內心的內疚。

這時候要做的是畫清界線，告訴對方「我已經原諒你了，接下來你可能要自己原諒自己」，這通常能夠有效地讓討好者思考。

面對討好型語法

我想討好都是來自於自卑，如果看過《哈利波特》（*Harry Potter*），其中的家庭小精靈多比就是這樣的概念。

而面對討好型語法，最重要的就是看懂討好者的自卑，給出安全感，並且有效地畫清界線。

如果和對方的關係夠緊密，反其道而行是更有效果的。例如要決定去哪裡玩，但對方都不提意見時，我會故意提議一個對方不想去的地方。接著他一定會面露難色，我就會說：

「我說完了，換你說了。」

又或是當對方過度禮貌，直說「不好意思」或「打擾了」，我會笑著回他：

「如果你覺得打擾，那就不要問，等你覺得不打擾再來好了。」

再次提醒，這是關係夠緊密的情況，而且盡量要在面對面的時候說，讓對方能夠聽出來你是在開玩笑。

最後就是道歉了，直接向他說：

「道歉我收下了，你再給我就不要了。」

或說：

「我已經原諒你了，你要原諒你自己。」

討好型的人通常相對敏感，當我們說出這樣的話後，對方應該能夠自己思考。而下一課，我想分享我從慣性討好到走出這個困境的修練。

【溝通思考題】

最後，換你來想一想。

- 你身邊的人會用討好型語法嗎？
- 面對討好型語法，你都怎麼應對呢？
- 你平常會用討好型語法嗎？是在什麼情境當中呢？

第11課

調整討好心態

看過討好型語法，你發現自己也常常說出討好的話語嗎？我想，這可能是因為我們一向太在乎別人的看法，常常希望自己能被喜歡、被認同。

討好一開始雖然可以與對方建立關係，但久而久之，常常會變成被欺負或被為難的一方。甚至莫名地被討厭，被說很假，還有人說過：「忘形，你都只想當好人。」

一開始我會很生氣，但漸漸發現，我以為的那些好其實也會給人帶來困擾。所以，這一課想說的是幾個調整的重點，讓我們能夠更自在地與他人建立關係。

說出自己的看法，更容易被喜歡

我們常常都有種想像，是不是說出自己的想法，就會被討厭呢？但事實正好相反，當對方能夠聽到我們的看法或心裡話時，才容易產生連結。

只是這仍要依循一個原則——表達感受並不是說出指責或貶損的話，而是表達自己的需求。例如大家要去吃牛肉麵，但我不吃牛。這時可以說：

「這間牛肉麵店有沒有不是牛肉的品項呢？因為我不吃牛啦，想先確認一下。」

這樣的表達，既能明確表達需求，也沒有傷害到任何人。如果大家真的是好朋友，應該都很願意幫忙想辦法，好比改成能一起吃的餐廳。而不是我去餐廳但什麼都不吃，看起來很委屈的模樣。

也是這些歷程讓我發現，與其委屈自己或讓他人猜測，甚至最後爆炸。坦率說出心中的想法，讓大家知道自己所想，反而更能和他人建立關係。

有限度的禮貌，更能得人緣

有禮貌當然是好事，不過我們可以一起思考表現禮貌的原因。禮貌是因為我們要和人建立關係的時候，希望與對方之間有個舒服的距離。例如人家打電話來，劈里啪啦講他要做什麼事，這種做法就非常打擾。但如果前面加個「你好」，並且說明來意，這樣的感受就好多了。

而過度禮貌的情況是指對方已經和我們連線了，但我們還在畫分距離的狀態。好比我以前打電話給對方，都會先問是不是打擾到對方，講一講又要問對方，這樣是否講太久，會不會耽誤時間。最後要結束時，又再度說一次真是打擾了，不好意思。

這樣說話的出發點看來是體貼，但有一次遇到這樣的朋友時，反而會覺得自己是不是讓人感覺很難相處，對方好像很怕我生氣，本來覺得不打擾的，都變成打擾了。

以打電話的例子來說，我們依然可以傳訊息問對方是不是方便接電話，而當對方說OK之後，打過去就不用一直問對方是不是方便或一再抱歉，反而應該直接進入主題，盡快結束對話，讓對方休息。

真正的體貼不是口語上的禮貌，而是明白對方需求，還有看懂自己和對方的關係如何。當和對方已經有交流之後，過多的禮貌反而是一種距離感呢！只要保持尊重，相信對方和我們一樣體貼就好了。

做錯要道歉，但不要做什麼都道歉

剛和老婆交往的時候，最常被念的就是「不要再道歉了」。不是因為道歉不好，而是因為我總覺得道歉好像能夠解決所有事情，不知不覺中，就把道歉當成口頭禪了。

那時，我如果要請別人幫忙一件事情，我會對他說：

「對不起，你可以幫我個忙嗎？」

又或是回應對方的時候，我會說：

「對不起，我當天不行耶。」

而當道歉變成口頭禪，會產生有兩種可能。第一種是接受的人會有壓力，和過度禮貌有點像。明明沒有做錯事，為什麼要道歉呢？

第二種則是會讓我們的道歉變得廉價，沒事都在道歉，真的做錯時，就很難用道歉來表達歉意了。這反而會給自己很大的壓力，甚至讓對方覺得我們的道歉沒有誠意。

有個小建議，如果沒有做錯事，或是事情不嚴重的話，把開頭的道歉換成感謝就好了。例如我想請對方幫忙的時候，我可以說：

「可以麻煩你幫我一個忙嗎？謝謝。」

或是要回應對方的邀約時，我會說：

「我那天真的不行耶，感謝邀請，下次請再與我說。」

這種將道歉變成感謝的方式，感覺更大方，和對方的關係也會變好。但還是要再強調，不是不要道歉，而是不要把道歉掛在嘴上。假設我們真的冒犯到對方，那麼道歉還是必要的。

帶著平等之心與對方互動

如果控制是高人一等的互動模式，那麼討好就是低對方一階的互動。無論是哪一種，其實都會造成溝通時的阻礙。因為溝通是平等的對待，當我們先套入階級之後，其實就很難與對方好好互動了。

如果真的要討好，請記得一定要先討好自己。當自己能夠被滿足，也認為自己足夠有價值時，會發現和其他人的溝通在無形之中變得更容易。因為當我們把焦點放在和對方的交流，而不是對方對於自己的看法時，彼此就能夠更輕鬆的對話了。

【溝通思考題】

留下三個思考題，也希望你猜猜為什麼我問這三個問題。

- 說出自己的想法時，最糟的後果可能是什麼呢？
- 你身邊有沒有不用這麼多禮、也能夠自在相處的人呢？你怎麼與他互動？
- 除了謝謝，你覺得還能用什麼話語取代對不起呢？

第12課

帶著討好的控制

每次的討好都像是付出，而付出的背後一定有個希望獲得的動機。沒有人可以永遠討好對方，可是討好的行為又是要壓抑自己，不去正視這個問題。比如討好者會說：

「沒關係，大家好，我也很好。」

「我的付出不是要回報，只要大家開心就好。」

「我都是為了……」

這樣的過程，就很容易遇到他人不斷地索取。初期看似沒什麼問題，但久而久之，這些付出的委屈都會變成仇恨，總有一天會爆發。

記得曾經交往過一任女友，我不斷地付出，每天都安排時間接送，還常常送飯、送飲料，希望對方能夠明白我的心意。

後來，對方卻對我說她壓力真的很大，質問我能不能有點自己的生活，做點自己的事情。當時的我非常抓狂，覺得自己每天為她放棄多少事情，她現在居然講這種話，於是大吵一架，我甚至還想要用自殘或其他方式告訴她我對她的愛。

聽起來非常恐怖對嗎？這其實就是仇恨的爆發。在我們的生活周遭，其實就有非常多這樣的人，面對家人、伴侶、朋友，都不斷用犧牲自己的方式，希望能夠換得關係，或是能被別人重視。而當對方沒有給予對應的回應時，自然就容易爆炸。

要關注的，不只是這些討好者所說的語句，還要感受他們說出這些語句時的情緒。如果是帶著控制的討好，通常情緒會不一致，比如以下這三種。

說「沒關係，我很好」，卻強顏歡笑

嘴巴上說了沒關係，或是說這樣很好，但其實內心相當難過。我認為這些人可能是因為外界的眼光，或是想要讓別人覺得自己的生活看起來很棒。

很多婚後發現不適合的夫妻，其實都是沒有抱怨的，但他們會強顏歡笑地說：

「OK啊，我的婚姻很棒，真的。」

這些話的背後都埋藏著巨大的不滿與委屈，而說出這句話的人想控制的，就是希望別人看待他的時候，能夠讚美他有個美好的家庭。

當家人或朋友常常說著沒關係，卻看起來委屈的時候，請記得對方絕對不是真的沒關係。我們甚至可以觀察他的社群媒體，是不是每天都在怨天尤人，認為自己的付出沒被看見，又或是覺得自己明明這麼認真，卻不被在乎。這樣的人通常是想用討好來控制與其他人的關係。

說「不求回報」，卻是滿滿的失望

有些人習慣用付出來換取回報，我以前就是這樣。雖然嘴巴上都說不求回報，但心中都對於付出之後的收穫有滿滿的期待，只是期待總是落空。

當時我認為，我的存在價值就來自於付出，所以當對方否定了我的付出，也就是否定了我這個人。而且我確實付出了，心裡就有一種被背叛的感覺。

然而，這樣的情況通常都不是對方要求，而是付出方主動這麼做。當對方接受後，付出的人就會把很多期待加諸在對方身上。

以身邊的案例來說，就像是伴侶在一起前對你非常好，尤其常說他付出沒關係，只要你快樂就好，甚至能為你犧牲一切。這樣的人很有可能在交往後變一個人，甚至開始控制一切。畢竟付出背後總有意圖，當對方沒有獲得回報時，很可能會表現出極大的失望，甚至轉為憤怒。

說「都是為了你」，但都是憤怒

當一個人不斷強顏歡笑，持續付出，累積到了最後多半會爆炸，開始展現憤怒的情緒。這是因為他認為無法拿到自己所想要的了，就利用憤怒甚至歇斯底里，把責任丟出來，認為他做的一切都是為了你，而你居然這樣對待他。

通常為了讓他冷靜，一般人會試著安撫他或順他的意。而這樣的應對，也會讓他覺得自己的做法是有效的，接下來就會不斷地用憤怒或離開來控制關係。

到了這個地步，建議只要保持冷靜就好，不管對方說什麼，我們要做的就是釐清情緒。例如問他為什麼要這麼生氣，或為什麼要這麼激動。

等到對方冷靜了，再與對方討論自己是否需要這些付出。我的說法是：

「我們只要不委屈自己，就是對彼此都好；即便你什麼都沒做，也無損你在我心中的價值。」

接受，或是離開

討好加上控制的力量通常比較強大，如果還沒有找到更有效的應對方式，我通常都會告訴自己兩個選擇——接受，或是離開。

好比對方是朋友或交往對象，在還沒有深交前，請不要貪戀對方的付出，或是單方面地覺得對方真的都沒意見，都很願意配合等。其實，這些久而久之都是要還的。

如果是家人，或許可以適度接受他們其實是出於對關係的恐懼。也許有人會想，這不就是情緒勒索嗎？廣義來說是的，但我不喜歡這個講法，畢竟沒有人喜歡自己的表達被說是勒索，所以也請不要拿這句話刺激對方。只要記得他們的情緒不是真的因我們而起，而當他們正在歇斯底里的時候，我們可以選擇保持距離，等冷靜後再行安撫。

其他的，我想可能不是溝通的問題，而是需要找更專業的人協助了。

【溝通思考題】

最後，留給你三個思考題，而這次的答案要靠你了。

- 當對方說了沒關係，我們可以怎麼引導對方說出內心的話呢？
- 當對方付出，你又不想接受時，有什麼辦法可以讓這件事過去呢？
- 當對方真的很憤怒的時候，還有什麼辦法安撫對方呢？

第13課

為自己而活

你可能會有點疑惑，為什麼要花時間了解界線，用各種方式說明控制和討好，而不是分享溝通的話術或語法？

老實說，我認為溝通最重要的其實就是界線了。如果能夠拿捏好這條線，那麼不只是溝通，甚至能夠讓人生變得更美好。在這一課，我想分享自己的一些感觸，也就是人生最應該搞定的兩件事，分別是「不關你的事」和「不關我的事」。

不關你的事

「不關你的事」是以自己為出發點。好比有一本《被討厭的勇氣》特別有名，但也讓很多人誤會，覺得自己當個「白目」，被討厭也沒什麼。

但我認為被討厭的勇氣真正的意義，是認知到當我們堅守自己的原則時，很可能會被對方討厭。以下是我自己成長過程中學到的兩個原則，也許可以給你參考。

第一個原則，是為自己的人生負起責任。

我在填志願的時候，本來想填高職，但因為被家人說服而填了高中。到了高中後，我的成績實在不怎麼樣，所以更常覺得都是家人害的。

真的是這樣嗎？家人可能給了建議，也有點半強迫的狀態，不過最後做決定的還是我自己。我卻每次都拿這件事情當作成績不好的藉口，甚至是吵架時的籌碼。

而當我不斷把責任丟給別人之後，除了容易和對方產生爭執，也常會陷入一種自怨自艾的過程。老是覺得別人給的建議不好，埋怨著都是因為聽了某某人的話，自己現在才會這麼可憐。

要改變這種想法，就是確信每一次的決定，都是自己的責任。

有一次和老婆出門玩（當時還是女朋友），她說要去某個景點，抵達後才發現那邊沒什麼有趣的事物，只能拍拍照而已。

當時我對她說：「你怎麼帶我來這麼無聊的地方啊？」她也不太開心，而我後來才知道，她的不開心不是因為生氣，而是有點自責。

其實，當她提出想法，而我答應的同時，我就應該為這個選擇負責了。所以後來，不管採取誰的建議或是請求，即使結果不如我所願，我也告訴自己，不應責怪對方。

而如果對方為這個結果向我道歉，我都會說：

「答應的人是我，所以這是我的選擇，謝謝你願意也幫我一起負起責任。」

就只是這一點小小的改變，讓我在溝通中有很大的不同。我總是很明白所有決定都是自己的選擇，而對方也常會感謝我的體諒，最終都能往好的方向去。

第二個原則，是認知到委曲求全不會換取好的對待。

我以前總覺得，遇到對方想要掌控全局時，那我退讓就好。但其實退讓往往不會換得更好的對待，反而會讓對方變本加厲，自己累積更多負面情緒。

累積到某一天，我與對方大吵一架。對方反而對我說：「你可以早點告訴我啊！」我更生氣了，覺得一般人應該不會提出這樣的要求吧？

老實說，可能對方還真不知道我的退讓。他可能與我不同，很擅長提出要求，也很擅長拒絕別人，所以他認為如果我不能接受，我應該會拒絕。

委屈可能都只是沒說出口的誤會，如果常常覺得自己很委屈，總是深吸一口氣，逼著自己吞下去的朋友，建議你可以試著拒絕。比起失去自己人生的主控權，或是最後受不了而爆炸，把拒絕說出來都是划算的選項。

只要不去攻擊對方，不發洩情緒，相信對方都是能接受你的拒絕。如果還是繼續為難你的人，也許要做的不是順從，而是重新考慮這對段關係。

不關我的事

如果說「不關你的事」是拿回自己生命的主控權，那「不關我的事」就是不插手對方的生命。

這裡也有兩個原則，一個是不去影響對方，另一個則是不被對方影響，希望提供一些不同的思考。

常常在網路上看見別人分享一些事情，剛好是我能夠幫上忙的，我就會留言給對方，向對方說怎麼樣才是對的，或怎麼樣才是好的。

後來，可能對方堅持自己的意見，我就開始與之爭執，最後吵得不可開交，甚至還因此反目成仇。我才發現，自己本來的好意早就不見了，我只想證明我是對的。

在課程中，遇到很多家長問我要怎麼與孩子溝通。我最常講的不是方法，而是分享這個心態。當我們覺得對方的人生只有一種正確答案時，往往就是溝通的終結。

如果溝通只有一種答案，那根本就不叫溝通。就算我們說出客觀事實的對與錯，對方也很可能因為賭氣，更堅定反其道而行，那又有什麼用呢？而且我們所認知的經常不是客觀事實，只是發生在自己身上的經驗。經驗往往隨著時空背景而易，我們又怎麼能確定這一定是對對方好的呢？

現在的我已經很少告訴對方該怎麼做，而是改問對方：

「你想怎麼做？」

我會認真傾聽，給予一些支持性的回饋與想法。也是這一點點的改變，讓我的人際關係有很大的不同。

至於不被別人影響，也以我在網路上寫文章為例。分享之後，除了支持和認同我的讀者，當然會有不認同甚至攻擊我的讀者。一開始我都會非常生氣，與對方辯駁自己的論點和想法，愈說愈影響心情。

當然，有些時候是有建設性的討論。但更多是對方根本沒有想聽我講話，只是想發洩或攻擊。而我也發現，這樣的人不一定是針對我，而是他們本身就帶著負面情緒，只是剛好找上我而已。

可是，當我接收了這些負面情緒，不但讓自己不開心，還可能遷怒別人，甚至浪費很多時間爭執，不是很不划算嗎？理解這點之後，再次遇到這樣的人，我都會想著——對方不是針對我。

我老婆也是這其中的佼佼者。當我壓力很大時，常常脾氣不好。等我冷靜下來，又會跑去找她道歉，而她都會對我說：「我知道你是壓力大啊，你又不是針對我。」

有時候，不用急著把對方當敵人，除了對方不是針對我們之外，很可能他與我們根本沒有關係。這時候，請把時間留給所愛之人，而不是帶著負面情緒的炸彈人。

當帶著界線的認知看溝通問題時，可能會發現有很多事情是不需要爭執的。因為在我們線內的事，我們可以自己處理，不用管對方。而在別人線內的那件事，我們也不須插手。

希望你在溝通中保有自己的那條線，也尊重別人的那條線。

【溝通思考題】

留下這三題，除了讓你想一想，也歡迎找個對象練習看看。

- 如果試著選擇一個對象設定界線，你會想先選誰呢？
- 雙方在溝通時，有哪些情況，其實不關對方的事呢？
- 反過來說，有哪些溝通的情況，是不關自己的事呢？

Part 3

溝通與情緒

如果沒有情緒，
我想每個人都是能夠溝通的。
只是在大多數的情況中，我們常被情緒給左右。

第14課

情緒與情緒背後

不知道你有沒有聽過一個法則，叫「7／38／55」。

很多人的理解，是指我們說話時，肢體與表情占了五五%，聲音與占了三八%，剩下的內容只占七%。而在講這個法則的時候，有些人會得出「內容不重要，肢體語言才重要」這個結論。

但我認為這是一個誤用，這個法則的解釋並不是代表肢體語言最重要，而是當這三者之間出現矛盾的時候，人們會更傾向哪一個部分的判斷。

我們來想像一個情境。如果你與一個人在吵架，對方說的話是：

「對不起，這是我的錯。」

從內容來說，聽起來是道歉，但如果對方是對你吼出這句話，並且揮舞著雙手，你覺得對方真心有想要道歉嗎？

我想答案是否定的。即便對方說的內容是道歉，但我們還是從其他訊息判斷出對方根本不是想道歉，或是他可能還正在情緒上，雖然有想道歉的意願，他的情緒卻讓你感受不到他想道歉的心意。

再換個場景，當我們有個壞消息必須向老闆報告，是不是都會偷偷觀察一下老闆今天的心情如何，盡量選在老闆心情好的時候說呢？或當我們發現我們的伴侶或家人今天心情不好時，我們如果試著開啟對話，其實會感受到滿大的壓力，對嗎？

如果沒有情緒，我想每個人都是能夠溝通的。只是在大多數的情況中，我們常被情緒給左右，可能是把負面情緒丟到對方身上，也可能是因為自身的情緒導致我們無法好好表達，最終讓溝通破局。

如果先理解情緒背後的動機，或許能幫助我們在溝通中更加順利。參考心理學家保羅．艾克曼（Paul Ekman）的六種情緒分類，分享我自己經常記錄的四大類別，以及這些情緒之所以產生，其背後的可能性。

你也可以藉由思考平常的情緒，或是遇到的事件，來找到自己的答案。

快樂

快樂應該算是很容易理解的情緒，幾乎所有的正面情緒都能用快樂來解釋，例如最近吃的一間很棒的餐廳、一件有成就感的事，或是說今天心情很好，基本上都是屬於快樂的事情。

我想快樂有幾種來源，可能來自於得到某個東西，或是一種好的體驗，也可能是對目前的一切感到滿意，或甚至擁有一個超乎預期的成果。

我認為快樂背後的動機，是需要對話者的認同與延續。如果對方與我分享了一部很好看的電影，而我卻對這部電影挑剔或批評，對方是不是會忽然很想結束話題呢？

也因此，快樂是一種有關分享的情緒，需要的會是對方的認同。所以當別人快樂地對我們說一件事情時，我們就和他一起分享快樂吧！

憤怒

我本來以為，憤怒只是一種破壞，直到我每次標記自己的情緒，並經過思考，才發現憤怒的情緒滿複雜的。

我的憤怒情緒，大概像是在網路上被攻擊、專業被貶低、覺得對方不尊重自己，或是趕時間時塞在車陣中、排隊被插隊，還有電動打輸了的時候。

再進一步，我認為憤怒常來自於兩個情境，一個是我認為被對方攻擊了，另一個則是事情不如預期時，我感受到的挫折感。

從這個角度出發，就更能理解憤怒的高能量，是為了保衛自己，或是為期待落差中間的空缺做出行動。

同樣的道理，當我們遇到對方憤怒的時候，我會思考是不是剛剛有哪一句話刺激到他，或是發生了什麼事，讓他感受到期待落差。

只是當人憤怒的時候，通常會充滿著攻擊欲望，而且很難好好思考。所以這時候要做的不一定是溝通，可能是讓對方的情緒等級降低，或是趕緊離開現場。

恐懼、焦慮

恐懼和焦慮對我而言是經常同時並存的情緒，我也很常感受到它們的存在，多是要做一件我沒有把握的事情。好比寫這本書時，我很常因為恐懼和焦慮無法打字。一直在想，到底該怎麼寫比較好呢？要怎麼樣才能讓人更容易理解呢？於是寫了又刪，刪了又寫，遲遲無法確定。

而這樣的情緒，其實就來自於我們的不確定性。

當我們要面對一個沒辦法清楚看見的未來模樣，很容易會開始思考各種可能性。如果不決定，變數又會更複雜，很可能會讓我們困在一個框框裡。

最簡單的解法，是我的諮商師所講的道理：讓行動化解焦慮，反正結果總會來臨。行動，並且接受結果。因此，當他人面臨恐懼或焦慮時，我們也可以陪著他釐清狀況，思考不同的可能，並讓他做出一個決定。

若對方依然焦慮，沒關係，他最後總要面對結果的，我們就多陪陪他吧！

悲傷

先來思考一個問題：哭就是一種悲傷嗎？

老實說，我一直是個愛哭鬼，不管是看電影或追劇，我都可能會哭。但我發現，哭可能只是情緒流動，不一定等於悲傷。

而我的悲傷情緒，大概是親人或好友過世、失戀、好朋友因誤會絕交、課上得不好、很喜歡的絕版東西不見了等等。

我也發現，悲傷時不一定會哭，但通常會感受到一種無力感。比起憤怒的挫折感，我想悲傷更是一種對於結果的無能為力。

想起高中失戀的時候，我總是不想要一個人，希望能夠常常待在朋友身邊，但並不是想聽他們對我說「下一個會更好」，就只是希望抓住僅剩的關係。

也因此，我認為悲傷的人要的不一定是走出悲傷的方法或對事件解決方案，而是別人的安慰與陪伴。當你的至親或好友悲傷時，記得放下解決問題的心，只要靜靜在他旁邊就好。

這些就是我對於這些情緒的觀察，希望能讓你也有一些不同思考。下次遇到自己或是對方正面臨這樣的情緒時，我們可以有多一點的理解。

【溝通思考題】

這一課的最後，我想留下的不是思考，而是三個練習。

- 記錄一下最近讓你情緒波動的事件，判斷自己的情緒變化。
- 引起情緒的原因是什麼呢？與這一課說明的一樣嗎？
- 如果不同，能怎麼樣化為你的理解呢？

第15課

表達情緒，而不是壓抑與攻擊

當你和某個人起爭執時，大多數的情況下，你會怎麼做呢？是抓著對方，希望對方聽你說明，還是乾脆負氣離開，想等自己冷靜了之後再和對方重新開始溝通呢？

先說，這不是陷阱題，這兩種應對方法都很好。只是如果誤用這兩個方法，很可能會變成溝通的災難。

關於「壓抑」

還是大學生的時候，我剛與老婆交往。我總是覺得如果我不開心，那就自己走開一點，反正我睡一覺就沒事了。

有一次，我忘了什麼事情與她吵架，但還是騎車載她回家。路上我一句話都沒說，騎得飛快。一到她家巷口，我就把她放下，拿著她的安全帽，轉身催油門騎走了。

那一天，我睡了個覺，起床也就沒事了。不過隔天與她見面時，除了一些必要的互動，其他什麼話也沒說。

就在尷尬的晚餐結束後，我載她回家。放她下車之後，她叫我也下車，指著我說：「你扭頭就走，是不是以後什麼都不要講？每次遇到事情都要這樣解決，你是不是只會把我丟在旁邊？」

很多人總覺得可以將自己的不滿或生氣掩飾得很好，別人應該看不出來。但除非超級遲鈍，否則一般人一定會感覺到那種情緒帶給人很大的壓力。當對方問起，我們又回答「沒事」或「我沒生氣」，給對方的壓力又更大了。

不過，我可以明白很多人之所以沒有開啟對話，是因為怕自己說完之後會更慘。

關於「攻擊」

我曾經很沉迷一個格鬥遊戲，剛好一個朋友家中有PS4，於是我們就幾個人一起去他家玩。

後來他老婆下班回家，起初也與我們親切地打招呼。但從廚房出來後，她就摔門走進房間。我們請朋友去關心一下，不知道發生什麼事了。

後來，他們居然在房間裡吵起來了，老婆以尖銳又憤怒的聲音罵道：「都講幾次了，垃圾要先拿去丟，你今天又沒事，為什麼又沒丟垃圾？明天沒有垃圾車，萬一放著長蟲、長老鼠，還不是我要去弄。你到底對這個家有沒有責任啊？還是你就和那些垃圾一樣，都是垃圾，捨不得丟啊？」

當時，我和另外兩個朋友真的是超級傻眼，要離開也不是，要緩頰也不是，居然開始查晚點還有沒有垃圾車，我們來幫忙丟好了。

其實我明白，老婆應該是覺得當天禮拜六，她去上班已經很辛苦了，把家事交代給先生，回來又看到這兩袋垃圾，於是怒火中燒，就把所有怨氣吐給先生了。

而這對我來說，就是攻擊。溝通本來是希望對方明白我們的想法，或能聽到我們的請求。但如果切換到攻擊模式，我們很可能就不在乎事情能不能被解決。

我聽過一個說法：在攻擊的當下，我們開啟的是我們的猴子腦，只希望能夠發洩情緒，甚至讓對方受傷。如果對方也開啟猴子腦應戰，那麼這時我們就只是單純的戰鬥，對解決事情完全沒有幫助。

壓抑或攻擊其實都是戰鬥的反應，都可能讓溝通變得無效。人類腦是比較理智的，即使很難維持，但至少可以降低我們開啟猴子腦的比例，幫忙緩衝情緒。

而要真正解決這件事沒有其他方法，就是靠練習。以下是我的四個練習步驟。

記錄溝通中的情緒

還記得上一課中說到的情緒紀錄嗎？我有好長一段時間不斷地記錄溝通中的情緒，並且思考原因。這麼做的好處，是我們會愈來愈了解自己是因什麼事情而有情緒起伏。

而記錄的重點是：

一、事件，情緒，行動

二、情緒背後的原因與需求是什麼？

三、我採取的做法有讓我的需求被滿足嗎？

四、這樣的情緒會否傷害別人？

五、我可以怎麼做，怎麼樣的行動對自己有幫助呢？

假設是因對方忘記倒垃圾而生氣，我會這樣寫：

一、老公沒有倒垃圾，我很生氣，所以罵他

二、我很擔心家中環境，也覺得自己沒有受到重視

三、我好像發洩了情緒，但好像沒有滿足需求

四、雖然對方沒有照約定去做，但我好像也傷害到他了

五、下次還是可以說出自己生氣的原因，並且提醒他下一個時間的垃圾車

當陷入某個溝通困境或瓶頸，我們會忽然意識到這與自己之前記錄的某個情緒起伏很像，而這時候就可以進入覺察。

覺察自己的地雷

慢慢的，我愈來愈能在溝通當下梳理出自己的情緒，那感覺就像知道自己為什麼生氣，或了解自己焦慮的根本原因。對我來說，大概是練習一年後的事了。

讓我們產生負面情緒的，可能都是相同的地雷。例如，當我內心有「被輕視或忽略的感覺」，或是認為「錯都在我身上」，以及「我做一件事情被打斷」時，我就會忽然暴怒。

而做了這個練習後，我更能知道自己常常為了什麼而生氣。除了可以事先提醒身邊的人不要踩到這個地雷，也是為自己先鋪設一層緩衝墊。

好比以前只要遇到服務態度不好的人，會非常不高興，因為覺得對方輕視我。但可能對方只是工作心情不好，也許我們向對方說個謝謝，對方也許就會做些調整（而有趣的，是對方通常會忽然愣住一下，然後態度好上不少）。

讓他人來幫助自己練習

當我們正投入某件事情或陷在某個困境當中，其實很難抽離當下來觀察自己。所以會建議找個人來幫你一起標記你的情緒（標記負面情緒就好，正面通常不用）。

好比我先和老婆說明，希望她幫助我練習，當我產生負面情緒的時候，提醒我這一點。所以她有時會對我說：「還記得上次你在做的練習嗎？你要我提醒你，我覺得你現在正在生氣，狀態不是很好。」

而當我們有意識地發現自己在有壓力的情緒中時，就能夠讓我們的人類腦運轉，不會用猴子腦脫口而出那些傷人的話語了。

再次開啟溝通

最後當然就是好好說話了，我大概會這樣說：

「我剛剛有點生氣。」（表達情緒）

「所以語氣不太好，十分抱歉。」（說明與道歉）

「但我想，我們的目標應該還是要放在……」（設定目標）

「不知道能不能等我冷靜一點再談，不好意思。」（說出請求）

當然，我可能還是會繼續生氣，但恢復時間愈來愈快。到現在我連打電動到一半，老婆向我講話，我不耐煩地說一句後，都能馬上意識到，在下一句接著說：「抱歉，剛剛正在打電動，所以不太耐煩。再給我五分鐘好嗎？我快結束了。」

這個方法說起來不難，但難就難在怎麼讓自己在有負面情緒的時候，還能開啟人類腦，或是把下一句緩衝的話練成本能反應。期待你練習後，可以不賭氣，也能好好地表達情緒。

【溝通思考題】

這一堂課後，我想要留個任務給你。

- 找一個和你關係不錯的人，回想一下之前與對方發生衝突的情境。
- 看完這一課，你會怎麼樣在這個情境中，應用這四個步驟呢？
- 如果可以，找對方說說看你的調整，問問對方的意見吧！

第 16 課

鍛鍊防彈玻璃心

記得剛開始寫文章時，常常看到不贊同我的人留言表達反對，甚至謾罵。

當時的我總是花很長一段時間他們筆戰，想要比個輸贏。如果道理講不贏，我們就戰態度，說對方口氣不好。態度講不贏，我們就戰資格，說人家學校不好或是資歷不好。最後連資格都講不贏，還可以說我懶得與你這種人吵，接著拍拍屁股離開。

除了花很多的時間筆戰，還花更多的時間處理情緒，甚至常因這樣的情緒影響到與身邊人的相處。於是，我不斷思考，到底要怎麼樣改善這個情況？

傷害你的不是別人，而是你自己的想法

當我開始研究要怎麼樣讓自己更堅強一些時，曾經看過這樣的一句話：「傷害你的不是別人，而是你自己的想法。」

一開始其實很難接受這句話，我覺得明明就是人家來罵我，為什麼說是我傷害了我自己呢？後來才發現，要是我很認真地看待每個來評斷我的人，就要不斷地捍衛自己。那一刻也等於告訴對方：我真的很在意你，或是在意你眼中的我。

這時，我們其實是在花力氣改變對方的看法和價值觀。我們根本不可能改變另一個人，卻把時間花在一件不可能的事情上。

更可怕的，是也許一百人當中只有一人不喜歡我，我卻把最多的注意力放在那個不喜歡我的人身上。後來想想，我為什麼要花這麼多時間精力在不喜歡我的人身上呢？

鍛鍊防彈之心

我後來便告訴自己，那些人根本不重要，沒必要花這麼多心力關注。例如有一次看到一則留言，叫我去改名或改姓，因為「張忘形」這個名字汙辱到所有姓張的人。

我本來想向他解釋，但轉念一想，他真的很重要嗎？這樣的人可能很希望與人互動，但找不到好的方法，最後只好用這個方式引起別人注意。

我直接略過這則留言，反而還有很多人幫我說話。而當我帶著這樣的防彈之心時，我就沒有那些不必要的負面情緒了，因為我明白那些人和我的討論基礎完全不同，又何苦要和他們計較呢？

當然，並不是說要自我感覺良好。而是很多引起注意的對話和討論都只是價值觀衝突或情緒發洩。面對這些對話，就用防彈之心遠離吧！因為就算花再多時間，最後換到的也只是生氣或難過而已。

看見對方的良善動機，而不是行為

若真遇到了重要的人，或對方提出很有建設性的反對意見時，我們可以怎麼做？

以前在前公司很討厭其中一個同事，因為每次不管說什麼，他總是會提出一些反對意見。例如要做一個新活動，他就會說哪邊其實有辦過這個活動，但他們的效果不好，要我們謹慎考慮。

當時我很疑惑，為什麼他老是要潑人冷水。直到某一次年終的會議，主管特別表揚他，說大家平常都討厭他，可是他其實是最認真的一個人。每次我們要辦什麼活動，或是修改什麼事情，他總是最認真做功課。

後來我才發現，其實對方和我們的意見不同，並不代表是要攻擊，反而是提醒我們要變得更好，但如果我們急著把對方當成敵人，不但沒辦法變好，還可能會失去一個真正有幫助的夥伴或家人。

所以，每當對方說出意見時，我總會先思考，如果他的出發點是好意，那麼他在想什麼呢？這也是我在神經語言程式學（Neuro-Linguistic Programming，簡稱ＮＬＰ）中學到的一個很重要的能力：轉換框架。

思考善意的轉換框架

ＮＬＰ常說，事件幾乎都是中性的，是我們的認知去判斷了它帶給我們的影響。如果我們每次都能停下來思考一下，是不是就能擁有更好的選擇呢？

好比以前常覺得主管很煩，他可能要我去做一件事情，卻重複說了好幾遍。主管認為他的職責是要提醒我，並且讓我一直在進度上。我的認知則是他不信任我，所以才要講這麼多次。

轉換思考，如果主管是真的很想提醒我，希望我能記得這件事情，是不是代表他也很焦慮，沒辦法放心呢？那麼我就會想，自己可以怎麼樣讓他放心呢？

於是，我會向主管說明我想採行的方式，也與他確認行事曆和進度。並且定時回報狀況。後來他就對我放心不少，我也覺得很有成就感。

這時候，我改變的框架是：對方是好意，我也感受到對方的好意，並且讓這份好意能夠落實下來。這時候的我並不是在與誰對抗，而是思考更好的方法。

先假設對方都是好意，再思考怎麼樣可以讓對方也感受到我們的好意，並且往下一步前進。不會一心思考對抗的策略，也不會有太多情緒時，反而能夠把問題解決。

防彈之心和轉換框架這兩個能力，幫助我平靜不少。每當發現某個人可能對我不重要，或感受到對方真的一點善意也沒有時，我就能用防彈之心忽略，完全不受影響。

而如果對方對我很重要，又或是我仔細思考後，真的覺得對我有幫助，這時我就會轉換我的框架，思考如何開啟下一步對話。

【溝通思考題】

想一想這三題，希望這次的任務能夠幫助你鍛鍊防彈玻璃心。

- 想想最近有什麼樣的情況要使用防彈之心呢？
- 又有什麼情況，你可以把對方的動機轉換為善意呢？
- 你判斷這兩項的基礎點，是什麼呢？

第17課

回應快樂與悲傷

平常講課，當我介紹完情緒的觀念時，總會有同學問道：「忘形老師，你的意思是不是當我們溝通時，不要有情緒比較好呢？」

老實說，第一次聽到這個問題時，我的回答是：「如果可以，請盡量不要讓自己有情緒，這樣才可以冷靜地和對方說話。」遇到與別人有些意見不合，且對方的情緒有些激動時，我也不斷提醒自己要冷靜以對。

我用非常平靜、沒有情緒的聲音向對方說明我的想法，也請他冷靜一點，這樣才可以繼續談下去。那時，我重覆說的一句話是：「我現在是很理性地在與你對話，我想解決問題。」可是對方卻愈來愈激動，最後甚至想轉頭就走。

我當時是沒什麼感覺的，直到又發生同樣的事情，只是換成是我有一點情緒，對方一直要我冷靜。講到最後，我受不了地向對方說：「好啦！你最冷靜，我有情緒難道不行嗎？」

我本來可能沒有這麼生氣，到底是什麼讓我忽然爆炸呢？後來想想，可能是對方的應對方式好像讓我感到很「冷漠」，甚至嚴重一點，這感覺很像是「鄙視」。

思考一下，當我們有情緒時，對方完全不在意，把這個情緒隔絕在外。而且還不斷把這個球丟回來，搞得像是我們「不夠冷靜」的問題，對話當然無法繼續下去。

於是我才發現，雖然在對話中保持理性是很重要的，但並不是要我們全身散發著一種理性與冷靜的氣場，而是我們的內心冷靜，但外在還是可以表現情緒。

表現情緒的原則，可以回想第十四課曾經提過的情緒概念。我把這個概念簡化為：快樂要認同，悲傷要緩衝，憤怒要結果，焦慮要行動。

接下來，我先來說說快樂與悲傷吧！

快樂情緒：打桌球

當對方目前正處於快樂情緒時，我覺得這時的對話很像兩個人在打桌球的過程。打桌球要好玩，就是兩邊都能接到球。如果對方打來的球，我們不接，或每次球來我們就馬上殺球，讓對方接不住，打起來的體驗應該會滿糟糕的。

而球速愈來愈快，你來我往的這個過程，就像是正向情緒的傳遞。

舉例來說，當對方說他昨天吃了超好吃的一客牛排。如果不接球，就像是回應他：「喔，我又不吃牛。」我相信對方應該會非常難接話。而如果殺球，向對方說：「那間還好吧！我平常都吃另一間，那間才是真的好吃。」我相信對方也會不太開心。

怎麼讓這場球有來有往呢？分享兩個方法，一個是「認同加上深化連結」，另一個則是「回憶加上廣度連結」。無論用哪一個方法，我們都要先接住對方的球。

以吃牛排為例，假設我也剛好喜歡吃牛排，我會先認同對方，說：

「哇，我也超愛吃牛排。你為什麼推薦這間啊？」

對方通常會接著回應，再來可以找更深的連結，好比我會再問：

「感覺你很懂吃耶，那你還有什麼推薦的餐廳？」

這時候，對方也許會繼續分享他的口袋名單，而我也通常會拿出手機記下對方分享的店家。此時我得到有口碑的情報，對方也會因為分享而開心。

但如果對方分享吃牛排，但我不吃牛肉，也不能騙對方。於是，我的回應方式就會是想辦法讓他回憶，例如：

「哇，感覺你去吃的體驗很好呢！是什麼讓你念念不忘啊？」

這時候，對方也會說出他的想法，接著我會再想辦法找到廣度的連結，例如：

「聽起來超棒的！可惜我不吃牛肉，有沒有不是牛肉的推薦呢？」

對方也許會分享同行友人的其他選擇，或是分享其他的餐廳，這個話題又能夠繼續下去了。

快樂的認同，就是對於對方所說的事情產生濃厚的興趣，這時對方會感受到他的情緒被加強。不斷推進話題，能夠讓對方更樂意分享，讓快樂在彼此之間傳遞。

但在悲傷情緒中，可就不能這樣做。

悲傷情緒：打棒球

在悲傷情緒中的對方，往往會很認真地把壞心情甩過來。除了悲傷，還可能夾帶憤怒、委屈或其他負面感受。如果我們加強對方的情緒，甚至和對方一起罵，會發現這狀況沒完沒了。

面對這樣的情緒，我自己選擇的方式是「打棒球」。情緒是壞球，解決方案是好球。對方如果丟擲很多情緒壞球過來，我們就當個捕手，接下情緒。但如果對方想要解決方案或想往下一步時，我們才選擇揮棒。

假設對方有一天心情不好，跑來找我抱怨訴苦，我卻直接說這幾句：

「人生不就是這樣嗎？」

「就做吧，抱怨完了還不是要做。」

「沒什麼啦，之後會慢慢變好的。」

聽在對方耳裡，會不會覺得更生氣、心情更糟糕了呢？這就是對方投壞球、我們卻急著揮棒的範例。

後來，遇到有人對我訴苦的情況時，針對不同情境，我的回應可能是：

「如果是我，我一定也會生氣的。」

「我感覺你一定超委屈。」

「怎麼會這樣？這也太誇張了吧！」

在這幾個例句中，我主要是想讓對方覺得自己的情緒有被接住，而且我真的了解他的感受。所以我說出了生氣、委屈、誇張等等情緒用詞。

於是對方開始說明事情的來龍去脈，而我也和他產生共鳴。但並不是一起罵，而是不斷幫助對方標示情緒。

慢慢地，等到對方的情緒發洩得差不多了，我才說：

「唉，感覺人生就常常遇到這種事。」

「辛苦了，抱怨完後還是要努力解決。」

「拍拍，我想一定事情會慢慢變好。」

雖然回應的意念不變，但感覺會比直接脫口而出來得讓人舒服。就像是在好多個壞球後的好球，我們可以把對方的情緒帶出場外。

悲傷情緒需要重複緩衝，讓對方把事情講出來，但我們不需要疊加新的情緒，只需要觀察對方的情緒。等對方講完，慢慢冷靜了，或開始聚焦在解決方案時，我們才給予想法。

〔溝通思考題〕

留給你三個思考題，我不會說出我的答案，但如果你很想知道，可以參考這本書的其他課，也許能找到一些思路。

- 如果對方分享的快樂我不懂，可以怎麼辦？
- 除了抱怨，還有哪些情境也需要緩衝呢？
- 如果對方的悲傷造成了自己的困擾，怎麼辦？

第18課

回應憤怒與焦慮

上一課，我分享了如何回應快樂與悲傷。再來，就是如何回應憤怒和焦慮了。

我認為這兩種情緒都是非常難應對的情緒，因為深陷這兩種情緒的人，通常都不太願意對話。產生這兩種情緒時，多數人都會把專注力放在自己身上。而面對外來的刺激，則容易產生攻擊以及逃避的行為。

因此，面對他人的憤怒和焦慮時，我建議可以採取以下這幾種方法，也說一說要盡量避免的應對模式。

憤怒情緒：理解對方的期待，立即做出回應

每個人有生氣的經驗，或是有與生氣的人講話的經驗。其實，人在生氣的時候，是沒有辦法理性對話的。

以前我不懂，面對氣頭上的人，我的第一反應都是：

「冷靜點！」

「不要生氣。」

「你這麼凶做什麼？」

講出這些話後，得到的回應往往是冷冰冰的一句：

「我沒有生氣啊？我哪有凶？」

又或是對方乾脆不演了，脫口而出：

「我是不能生氣嗎？」

面對生氣的人，最簡單的方法就是避開衝突。聽起來理所當然，但這真的是最有用的建議。畢竟一個人在氣頭上，很容易把眼前的所有人當成敵人。

可以怎麼做呢？我想以某一次打電動、老婆對我說的話為例。

打電動輸了，心情當然不太好。這時候老婆跑來與我講話，我通常會非常不耐煩。然而她並不是問我為什麼生氣，也不是說玩遊戲而已，何必這麼認真。她是說：「要不要幫你倒杯冰水？我感覺你有點生氣耶。我本來有個事要說，我等等再講好了，你先喝個水，緩一下。」

說也奇怪，在那個瞬間，我忽然就沒這麼生氣了。當然，還是有輸贏的憤怒情緒，只是我能夠清楚分辨出自己是對遊戲生氣，沒必要遷怒她。

回過頭來思考，我們為什麼會感到憤怒？其實就是期待沒有被滿足時，我們的自然反應。因此，面對氣頭上的人，焦點不是放在他為什麼生氣，而是他的期待是什麼。

我們可以讓對方意識到我們不是他的敵人，而是幫助他滿足期待的人。這時，我們能做的是先接受對方正在憤怒情緒當中的事實，並且避免使用否定用詞。

舉例來說，我們叫對方冷靜一點，是不是就在與對方的憤怒對抗呢？其實，我們只要說：

「我感覺你現在非常生氣，我也很想幫你的忙，告訴我可以怎麼幫忙，好嗎？」

這樣的說法，就是接受了對方憤怒的事實，並且告訴對方，我們是站在同一邊的。接下來，讓他思考我們能幫上什麼忙，當他開始思考了，高漲的情緒腦就會逐漸冷靜下來。最後，我們再把決定權交給他，讓他明白自己是有掌控權的，能夠做出選擇。

你可能有個疑問，如果自己就是造成對方生氣的原因，那該怎麼辦呢？這時候，我會建議先道歉，但絕對不是只有道歉。

換位思考，如果今天對方惹你生氣了，當你表達你的怒氣時，對方就不斷地向你道歉。接著你問他：「那你覺得我為什麼生氣？」他卻回：「我不知道啊，反正你生氣了我就道歉。」這樣會不會讓你更加生氣呢？

如果你會更憤怒，那麼再把這個角色對換回來。當我們讓對方生氣的時候，除了道歉以外，也要讓對方明白兩件事，一是我們已經理解對方生氣的原因，二是我們可以說出未來的改善計畫。

假設我讓對方生氣，我就會說：

「真的很抱歉，我剛剛才明白原來你希望的是這個，我會馬上去做這個。」

因為滿足了對方的期待，即便對方可能還是會碎碎念，但至少他的生氣程度會降低不少。而要提醒的，是千萬不要對氣頭上的人說「下次不會了」，「下次」的保證不是他關心的，當下的補償和行動才是他需要的。

焦慮情緒：耐心陪伴釐清，行動化解焦慮

如果憤怒是讓我們集中能量去處理事情的情緒，我想焦慮就是個讓我們發散能量導致不能處理事情的情緒。又或者我們可以更廣義地理解：憤怒，是想要與他人戰鬥；焦慮，則是與自己戰鬥。

當一個人憤怒時，他會告訴你「我就是想要這麼做」。而焦慮則是當別人告訴他怎麼做的時候，他會找到各種理由，覺得這樣不行，卻又無法放鬆下來。

焦慮，往往是出於不確定感。以我來說，可能是因為想要做某件（或是很多件）事情，不過當下能力、時間、資源等不夠，又怕投入之後會受到損失。這時候，腦海裡有千百條選擇，可是害怕「一旦決定後就會失去什麼」，於是先採取了「不決定」這一項。同時，也因為一直沒有進度，因此心裡的壓力會不斷壓著自己。

開始與這樣的焦慮共處後，我發現我只要告訴自己：現在什麼都不做，不但沒有成果，還會損失時間；如果試著行動，就算結果不如預期，至少得到了回饋。為什麼不把這些焦慮或擔心的時間拿來讓自己變得更好呢？這也就是我找到的一個很容易的咒語，叫「行動化解焦慮」。

那麼，這與溝通的關係又是什麼呢？

當我們看到對方處於焦慮狀態時，許多人會給出這樣的意見：

「你還好嘛！」

「你就是想太多了啦，擔心這個又沒用。」

「你就這樣做，就好了。」

對於正在焦慮的人來說，這些話語可能都沒有什麼太大的幫助。我後來發現，我通常會問自己的三個問題，拿來與焦慮的人對話滿有用的。第一題是：

「你現在是有很多方向，還是哪一個環節卡住呢？」

通常對方會分享目前的處境，以及考量的癥結點。至少可以知道他是在決定方向，還是已經決定了，卻遲遲不敢去做。

接著，我會問：

「如果你的做的這個決定成功了，最好的狀況是怎麼樣？如果失敗了，最糟糕又會怎麼樣？」

這個問題會讓人開始思考不同結局，而認真去想，通常對方的心裡都會浮出答案。

再來，我會說：

「我覺得你的思考很周全耶，還有什麼你擔心的事情？」

這聽起來非常奇妙，焦慮者可能會開始說明許多擔心的事情。更有趣的，是他可能會在過程中否定自己的那些想像，覺得好像也沒什麼好擔心的，最後他也許會自己慢慢得出結論。

當我面對焦慮的人時，給予的通常不是意見或方法，而是陪他釐清事物的環節。不逼迫他做出決定，而是好好地聽他把事情說完，最後告訴他「我覺得你真的可以」。

當我們把他擔心的事項一個個攤開來化解，其實也就慢慢地解除焦慮了。所以，當我們陪伴焦慮者時，需要的是有耐心地聽他說，建立起信任之後，讓他做出屬於自己的選擇。

【溝通思考題】

這一課是我親身的修練過程。換你想一想，希望幫助你找到你的答案。

● 如果對方在憤怒中無法冷靜，怎麼辦？

● 如果對方的焦慮沒完沒了，怎麼辦？

● 如果對方行動了，最後卻責怪你，怎麼辦？

第19課

愛與恐懼

以前看《與神對話》（*Conversations with God*）這本書，有個深深震撼、並且不斷影響自己的一個概念。書中提到：所有的情緒，都只是兩種情緒的原型，一個是愛，另一個則是恐懼。

愛是創造、付出、分享、開放、療癒的能量。而恐懼則是消耗、索取、退縮、逃跑、傷害的能量。就算同一件事情，也可能會讓人有截然不同的想法，而這只是在我們的一念之間。

好比有個好朋友今天生日，你想要送他禮物。你會怎麼想呢？

A：他今天生日耶！我要送他禮物，希望他會喜歡！

B：他今天生日耶！我要祝他生日快樂，送他一個禮物，這一定很棒！

這兩個選項看起來很相似，但其實背後潛藏的元素是完全不同的。在A的思考之中，送禮物的動機是希望「他會喜歡這個禮物」。而這背後的潛台詞是「希望送了這個禮物，他也能夠因此而喜歡我」。那麼進入A選項的劇情中，萬一對方收到禮物時不如預期中開心，送禮的我們可能會覺得很失落。會反省是不是自己挑的禮物不夠好？還是對方其實不在乎自己？會不會我們與對方的關係沒這麼好？

然而在B的思考之中，只是很單純的想要祝福對方生日快樂，並且覺得「送一個禮物」的想法很棒。所以進入B選項的劇情裡，禮物根本不是重要的事，我們只是想要與對方一起分享生日的喜悅。

不會有太多的得失心，也就相對不會去控制，甚至討好對方。當然就不會造成彼此的壓力，反而使關係能夠有更好的進展。

我想這就是人際關係中的終極信念。我們是基於愛而行動，還是基於恐懼而行動？

恐懼看似能防止自己受傷，但更阻止我們建立關係

仔細思考，以前我的人際關係之所以不順暢，常常是因為我因為恐懼而行動。因為怕自己不好，沒有人要與我當朋友，所以與別人相處時，常用付出換取對方的喜歡。這就像第七課說到的「討好」，但付出過後，我好像沒感受到對方的回報。

我為此生氣，覺得這世界上沒有真心朋友，一切都只是交換。然而開始這樣想後，

我更覺得自己沒有朋友了，也不會想找人講什麼真心話，於是就更沒辦法與人連線。

回頭看看，我覺得自己不好，所以決定用付出換友情，然而失敗之後，因為害怕受傷，於是選擇不深交，得到的結果是更沒辦法與人連線。這讓我更加強「我就是沒有朋友」的信念，造成我重複實行下去。

後來才發現，恐懼是我們的一種保護機制，但這樣的保護也會切斷連線。好比有些人在感情中遭遇挫折，他想的不會是「我可以怎麼樣調整」，而是「既然都會分開，那乾脆不談戀愛，這樣就不會受傷」。又或是一個怕失去關係的人，他不會把心力放在如何維繫關係，而是不斷尋找對方出軌的證據，想盡辦法控制對方。當對方不堪其擾，最終選擇分手或離婚。這時，恐懼的人就會說：「你看，我就說你不愛我了。」

恐懼的出現，讓我們開始懷疑自己與他人，總是先思考最壞的情況，並且用消極、甚至攻擊的方式來建立關係。如果從這樣的信念出發，其實不管遇到誰，都是沒辦法與對方建立關係的。

愛可能會讓自己受到傷害，卻能夠建立更多連結

如果我們換個方式，從愛的角度出發呢？

面對朋友時，若我們想的不是如何讓對方喜歡自己，而是好奇對方的生活經驗，或是其他有趣的部分。這時，我們的腦海裡都在想什麼呢？

我們也許會想，怎麼樣可以更了解對方？對方做的事情好像很有趣，我可以怎麼參與？當對方需要幫助，如果我能力所及，我很願意幫忙！

如果有個這樣的朋友，會不會更想與他深交呢？至少我會很想要這樣的朋友，因為與他相處時能夠很自在，不會有什麼壓力。

一樣的道理，放在伴侶上也適用。例如發現最近伴侶好像很忙，比較少對話。從恐懼出發，我們會去質問或懷疑對方。但如果從愛出發，我們會去關心、詢問對方。這時，我們會問的問題不是「你為什麼最近都沒有陪我」而是會改問：「最近看你比較忙，有沒有什麼我能幫得上忙呢？」

我們希望有個充滿愛的伴侶，當然希望家人也是這樣。我觀察上一輩的人往往帶著恐懼在互動，像是送父母禮物時，他們可能會說：「以後不要買啦，浪費錢！」

說出這句話的父母，可能怕子女浪費錢。如果他們的回應能從愛出發，其實可以說：「哇！謝謝你買東西給我，我一定會好好使用。你也要買東西給自己喔，對自己好一點，我也會很開心。」

這樣說，是不是讓子女覺得更開心呢？相同的，當子女聽到父母用恐懼來回應時，如果心裡想的是：「好啊，那以後你們自己買啊！買東西給你們還這樣講！」相信彼此的關係也不會融洽。

或許可以接下這份恐懼，但試著用愛回應。例如回答：「買東西給爸媽，怎麼會浪費錢呢？至少我買東西給你們的時候，我覺得很開心啊！」當然，對方可能會繼續用恐懼回應，但請記得，那不是對方的真心，只是他們還在恐懼的泥沼裡。

練習用愛說話

聽完了之後，你可能覺得這大概是什麼聖人訓練吧！老實說，我自己也還在磨練，不是所有的情況都能夠如此應對，甚至有時還是會被父母激怒。

然而想說這點，正因為我們都不是聖人，但我們可以慢慢練習往愛靠近。如果能夠不斷的思考說出來的每句話，在那背後的意涵是什麼，或能夠怎麼樣離開恐懼，轉化為愛的語言，何樂而不為呢？舉幾個我寫在筆記本上的例子，希望能對你有幫助：

當對方晚到

直覺思考時，我們認為「自己都到了，對方怎麼可以沒到」，在這樣的恐懼下，往往會不自覺地說出：

「你到哪了？你是不是又要遲到了？」

如果轉化思考，想想對方是不是遇到什麼事情，導致沒有在約定的時間出現。出於關心他的狀況，我們可以這樣說：

「你到哪了？一切都順利嗎？」

得知朋友聚會沒約自己

直覺思考時，或許會認為那一群朋友是不是討厭自己。因為懷著這樣的恐懼，下次再見到那些朋友，可能會脫口而出：

「你們為什麼都沒有約我，你們不夠朋友！」

如果轉化思考，想想對方可能不知道自己也想去，或可能認為這並不是什麼大不了的事。下次與朋友見面時，不如主動表達自己的想法：

「我也想去，下次我來揪一團。」

當家人詢問近況

直覺思考時，也許會認為家人又要開始碎碎念了，心中馬上升起一股不耐煩的無名火，讓我們可能說出這樣的話：

「為什麼你什麼都要管？」

其實，父母可能只是想找機會與我們講講話罷了。這時，可以巧妙地轉換話題：

「感謝關心，最近都很好，我再找時間回家與你們聊聊。」

當伴侶忘記了某件事情

直覺思考時，很容易認為對方是不是沒有把自己放在心上，導致一連串猜想。這時，很容易對著對方說出：

「你是不是覺得我不重要？」

其實，只要轉化思考，試想對方可能有很多事情要忙，或就是粗心忘記了。你可以再次表達你的想法，例如：

「謝謝你幫忙，需要我明天再提醒你一次嗎？」

面對信仰

直覺思考時，會認為自己用奉獻來交換神的愛，因此不斷表達：

「我奉獻供品，希望神會保佑我。」

如果轉化思考，想想神已經愛我了，我只需要對祂說聲謝謝。這樣或許也會讓心裡輕鬆許多喔！例如：

「謝謝神一直保佑我，我奉上供品答謝。」

這些生活中的例子，希望能讓你更明白愛與恐懼。透過對於情緒的理解，以及背後信念的出發，能讓我們面對自己的感受時，能夠有效轉換，將能量用於更有建設性的對話。而接收對方的情緒時，也能洞悉對方的動機，與對方有更好的互動。

【溝通思考題】

輪到你想一想生活中的例子了，提供三個思考題。

- 思考最近一次的衝突對話中，你的恐懼是什麼呢？
- 你能夠感受到恐懼想要說的是什麼嗎？
- 如何把這份恐懼，轉化為愛的語言呢？

Part 4

根據人格特質來溝通

為什麼「理解人」很重要呢？
因為我們的很多衝突都來自不理解。
理解，帶來更多對話。

第20課 DiSC人格特質

小時候一直很想要有個能力，那就是讀心術。想想看，如果我們可以知道對方心中在想什麼，不就與每個人都可以溝通嗎？

有一陣子，我買了非常多有關讀心術的書，但總不太能夠得到要領。好比抖腳可以代表快樂，也可能代表放鬆，根據情境的不同，有不同的解讀方式。要記的東西和反應太多，使我放棄這種方法，而且這不是真正的讀心術，只是讓我們思考每個行為背後的動機。

想要研究人的行為模式，方法真的不少，例如九型人格有九個，星座有十二個，榮格有十二原型，邁爾斯－布里格斯性格分類指標（Myers-Briggs Type Indicator，簡稱MBTI）有十六型，人類圖有三十六條通道、六十四個閘門。後來，我終於發現最少的判別系統，那就是血型，大致上只有四種。

不過，我們總不可能一見面就問星座血型吧？就算同樣的星座，還有許多詳細的環節，造成的個性千百種。多數時候，我們只能憑直覺判斷。

後來遇見ＤｉＳＣ，對我來說如獲至寶。因為我只要記得四個分類，在最基礎的情況下，大概就能明白對方的性格。當然，這並不是說其他系統不好，其實資訊量愈多，我們愈能夠對人理解透徹。

為什麼「理解人」很重要呢？因為我們的很多衝突都來自不理解。

理解，帶來更多對話

我有個朋友，每次我們一起去吃飯，他總是會把錢算到超級清楚，例如要收五百六十二元。朋友間大概都會說：「沒關係，我給五百七十，不用找錢了。」但他就是會堅持把錢換開，然後找給大家（還好現在有很多行動支付）。

當時朋友們都不能理解，為什麼要弄得這麼麻煩，甚至還覺得他真愛計較。直到我們某次幫他慶生，發現他的星座後，現場幾個朋友說了：「難怪！」

還記得嗎？我們說話通常是在證明「我是對的」和「我是好的」。如果發現對方觀點與我們不同，我們會認為既然自己是對的，也是好的，那與我不一樣的對方，當然是不好與不對的那一方。

而這件事給了我一個很大的啟發，當我們理解對方是什麼星座，做出這個行為根本是正常發揮後，就能把雙方的期待與認知拉平，也更能夠展開溝通。

因此，如果我們能夠先建立一個概念，在對方做出與我不同的行為時，覺得對方也不過是正常發揮，不就能輕易地與對方溝通了嗎？

我想分享我如何用ＤｉＳＣ系統做到這件事情。

用分類系統來思考人的特質

ＤｉＳＣ是Dominance（支配）、Influence（影響）、Steadiness（穩定）以及Conscientiousness（謹慎）等四個字母的縮寫。我們可以把它想成四種不同的執行程序，每一種都有它的特質與功用。

有很多企業把ＤｉＳＣ用在招募員工、了解性格上。網路上也有簡單的測驗題目，可以知道自己在ＤｉＳＣ的框架中，最偏向哪一種特質。但就算沒有進行測驗，我們還是可以利用兩組關鍵詞大略知道自己的分類。

第一組關鍵詞，是行動與思考。

有些人是腦袋中一想到某件事情，就會先執行，再回頭來修正；有些人則喜歡完整規畫後，再去執行。你在做一件事情的時候，是偏向馬上去做，還是先想一下呢？你可以從先後順序以及比例來判斷。

另一組關鍵詞，則是人際和事件。

思考一下，在做一件事情的時候，你更偏向人的感受，還是事情的達成？如果今天要執行一個專案，你會先思考任務本身的問題，還是思考要與誰一起完成呢？

藉由這兩組不同的關鍵字，你應該能在圖中找到大概的象限位置，並看見你較偏向DiSC中的哪一個特質。其實，所有的特質我們都有，只是在不同的時間發揮，我想在後面幾課詳細道來。

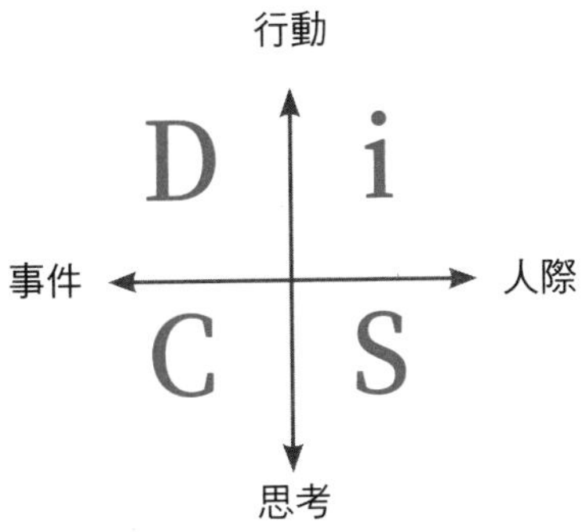

〔溝通思考題〕

最後，有三個思考題，歡迎你一起想想。

- 你平常有接觸哪些判斷個人特質的系統或方式呢？
- 你覺得這些方式存在哪些優缺點？
- 邀請你整理一下你的判斷方式，試著與接下來的DiSC系統結合看看。

第21課

D特質的特徵與修練

重視行動和事件，我簡稱為「D特質」。這種特質通常如何展現呢？

D特質概述

D特質的展現，通常圍繞著三件事：結果、行動與挑戰。很多企業大老闆，都擁有高度D特質，目標清楚、行動力強、決策快。講話時自帶霸氣，彷彿君臨天下。

D特質的人生就是要追求更遠與更高的目標，他們每天都在思考，怎麼樣可以讓自己變得更強，或是讓自己在做的事情變得更大。比起待在自己不認同的人底下，他們寧願選擇獨立作業，而且他們也擁有一定的能力。

再來，D特質重視行動。坐而言不如起而行，時間對他們來說非常重要。要是他們認為你在浪費時間，大概就會與你拚命。也因此，他們通常沒有太多的同理心和耐心，與他們對話時，千萬不要講太多廢話。

在決策上，D特質因為自己直覺強、反應快，所以更重視事情有沒有達成，而不是人情與過程。你還會發現D特質高的人特別容易出現控制型的行為，例如價值判斷、掌控局勢等等。他們腦中有個完美的成果，所以只要不是一起往那個成果前進的人，都是阻礙。

最後，要說一個對於D特質的誤解。大家都覺得這樣的人感覺脾氣很不好，好像無時無刻都在生氣，其實，D特質生氣時雖然看起來很可怕，但通常是對事不對人。

如果在工作上讓D特質生氣了，不用過度害怕，只要後面好好表現，把這件事情補救起來，對方大概也不太會追究。但如果連續把事情搞砸，那麼D特質可能會把你貼上一個笨蛋的標籤，再也不信任你了。

D特質的優勢和盲點

每項優勢的背後，其實就是盲點。重要的是我們如何認知，並且正確地應用。

D特質的優勢之一是結果導向，只要他的目標很清楚，就會不斷地往目標前進，交給他做的事情一定有結果。但這也有缺點，好比常常改來改去，看不見別人的努力。

為什麼會改來改去呢？是因為當他往結果前進的時候，忽然發現有更好的路徑，於是很快反應，馬上修改，所以與別人合作時，常常會讓大家崩潰。好比我也曾覺得老闆決策大轉彎，不知道到底要怎樣？後來才恍然大悟，原來他只是找到了更好的方式。

D特質的另一個優勢則是行動力，他想到什麼就會去做，不太會拖延。但正因為太衝動，不管說話或做事，往往一不小心就做出相對錯誤的行動。

最後，D特質其實每天都生活在高壓與戰鬥之中，這樣的人通常很有自信，但盲點是喜歡控制別人、爭論對錯、愛面子。如果看到這些笑了，覺得自己正是常常發揮D特質的人，我想與你分享幾個修練的方法。

D特質的修練

第一項修練很像廢話，卻是超級重要的事，就是請記得多笑。因為D特質高的人無論是想事情或談事情，通常會眉頭深鎖、眼睛聚焦、表情凝重，帶給別人很嚴肅的感覺。這往往會讓人感到害怕，但我們溝通是為了建立關係，可以試著讓對方說話的時候壓力小一些。

D特質在對話時，很常想一次趕快講完，但可能對方還沒理解，完全跟不上，希望重講一次，這時D特質又會不耐煩。不如我們講話的時候，稍微放慢速度吧！

最後則是我認為最重要的修練，那就是把對方的話完整聽完再回應。D特質因為追求速度，想趕快結束對話，所以常常打斷對方，這也是常常造成衝突和爭執的原因。給D特質一個祕訣：「聽別人講話時不要打斷，聽完後在心中數到三再回應，回應時先重複對方的重點。」

只要我們表現出對於對方話語的重視，讓對方感覺到被在乎，其實就能夠拓展更多溝通空間。

【溝通思考題】

最後，留三個思考題給你，換你想一想。

- 如果你是D特質高的人，你想怎麼改善溝通呢？
- 如果你不是D特質，你在什麼情況下會展現D特質呢？
- 你認為怎麼樣與D特質溝通，他們會更願意聽呢？

第22課

與D特質互動

D特質和第七課所講到的「控制」有點相似。但D特質不只是出現在控制型的人身上，只要在我們有壓力、想爭輸贏或生氣的時候，就會產生D特質。什麼時候會展現D特質？以我來說，常常是打電動時。那個當下，我甚至會六親不認，對朋友破口大罵。我還觀察到一般人最常展現D特質的時候，是開車。很多人平常溫文儒雅，但只要握住方向盤後就會變一個人。因為開車有個明確的目標，有限制的時間，以及很容易爭搶比快等等。

而進入D特質模式的人，通常是如何對話呢？

D特質的對話模式

複習D特質的關鍵字：結果、行動、挑戰。如果要轉譯成比較好記的方式，就是

「快狠準」。

當D特質表現在談話中時，往往會要求對話的人說重點，例如：

「這個要做什麼？」

「所以你要說什麼？」

「那你需要我幫忙什麼？」

有些人可能會覺得D特質很兇，其實他們只是想趕快跳過他們認為不重要的步驟。他們只在乎做哪些事情最有效率，並且只要能達成結果，就不太在意過程。

用命令句也是D特質的特徵之一，通常是希望對方發起某個行動：

「總之，三天後要完工。」

「不管你怎麼弄，我們就是要拿下這個案子。」

「叫你們主管出來。」

聽起來好像有點可怕，但D特質最常出現的時機，就是當人有個目標要達成，必須專注在這個目標上，不能被任何其他的事情影響。老實說，只要我們能夠忽略話語中的憤怒情緒，去探詢對方的真實需求，其實他們是最容易搞定的特質。

接著，來說說如何與他們對話。

重視結果與行動

當你發現對方正在發揮D特質的時候，他其實一點也不在乎過程。如果你與D特質這樣對話：

「我向你說一件事情，我們這禮拜六不是要辦一個活動嗎？我昨天與主辦方的陳先生聊天，他說到上一次他們……」

雖然可能把來龍去脈說清楚了，但D特質可能就爆炸了。所以，與D特質溝通時，我會掌握一個明確的脈絡：

【時間】⬇【事件】⬇【重點】

可以改成這樣說：

「你有五分鐘嗎？我想與你說一下有關這禮拜六的活動。我想把下午的流程做一點調整……」

這能夠讓對方快速抓到重點，並且建立起安全感。尤其對於大多數（D特質明顯）的主管，運用這樣的模式，基本上都能夠讓對方滿意。

如果真的必須把來龍去脈講清楚，或要提案給對方聽的時候，也記得依循快狠準的模式。我常利用這種方法說明：

【問題】⬇【解決方式】⬇【分析】

例如：

「主辦方希望加個活動，我這邊思考後有兩個方式，A方案是……B方案是……我自己覺得B方案好像比較好，因為……」

簡單來說，就是減少對方需要聆聽的時間，以及決策成本。在例句中，我直接跳過與主辦方的討論過程，說出我們有共識的結論。並且快速進入幾個方案，最後再說明我可能執行的方案。

當然，對方可能還是會問原因，或是做出其他選擇。但這一點都沒關係，因為他已經省下了大量時間和決策成本。只要再慢慢理解他在乎的原則，溝通就會愈來愈順暢。

再來，就是回應了。我記得曾經有個從事客服的同學問我，他每次都很認真回應客戶，為什麼多數人卻不太買單呢？

他會先問客戶幾個問題，接著給出他的意見判斷，但對方通常會覺得不耐煩。我告訴他可以試著跳過很多過程，讓客戶知道你會馬上處理他的問題，好比說：

「先生，我馬上處理您的問題，想先和您確認幾個故障的狀況，讓我們能更快地幫您處理。」

後來，他發現說出了這句話後，大家的反應與以往差別很大。其實，客戶的目標就是要解決問題。所以一開始就先告訴對方彼此目標一致，並且確認之後能更快地幫忙處理，這時候，雙方就變成站在同一邊的隊友，而不會是敵人了。

人只要專注在某個目標，或是壓力大的時候，都很有可能使用D特質的互動模式。說個自己的糗事：以前打電動，老婆問我：「等等我們去吃飯好不好？」我會回答好，但就不理她。現在她則改說：「我有點餓，你再打一場，我們出門吃飯。」她不會選在我打電動的時候問我意見，而是快速地聚焦一個目標，並且告訴我下一步行動，讓我能夠依循。我接收到指令，可能打完電動就與她出門吃飯了。

如果你感受到對方正在發揮D特質，可以衡量在同階級的情況下，不要問太多意見，或是給予太多思考空間。不妨直接告訴對方一個目標，以及下一步要做些什麼，通常會有奇效。

【溝通思考題】

D特質沒有想像中那麼可怕吧！這些思考題，希望能幫助你與D特質溝通更順利。

- 身邊D特質高的人，有哪些溝通方式讓你最受不了？
- 你能夠怎麼合理化他們的行為，從正向的動機出發，讓自己舒服一些？
- 如果常常和D特質高的人產生衝突，你會想應用這一課中的哪個部分呢？

第23課

i特質的特徵與修練

上一課的D特質，給人的感覺特別霸氣。接著，來說一說我心目中的感染力王者，重視人際關係和行動的i特質吧！

i特質概述

傾向i特質的朋友，我會給他一個標籤叫「萬人迷」。他們很喜歡與人接觸，總會有很多朋友，也特別愛找人聊天，不必有什麼目的，就可以從外太空聊到內子宮。

只要有i特質在的場合，絕對不會冷場。把麥克風遞過去，就能看著他們發光發熱，帶著大家「嗨」起來，因為他們的熱情，往往能夠感染整個場面。

還有，i特質通常非常喜歡和別人肢體接觸。如果你有i特質高的朋友，男生們特別喜歡與別人勾肩搭背，而女生則是會找人勾手，或是擁抱。

不過，如果你有重要的事情要向i特質說，可能會有點無奈。因為他們總是在講事情的時候分心，一下子沒注意聽，一下子又不小心岔題。因為i特質並不是一個非常專注的特質，他們的腦袋動得快，但沒辦法一直維持在一件事情上面。

與i特質對話的時候，多談一些有趣的事物，他們會比較能集中注意力。特別是你有個想法卡住了，請一定要找他們聊聊，他們往往能提供很多出乎意料的想法，雖然不一定可行，但絕對能夠讓你跳出框架。

另外，如果想知道最近有什麼流行，或是有哪些好吃好玩，一定要找i特質商量。他們樂於嘗鮮，會把錢花在吃喝玩樂上，畢竟生活的體驗對他們來說才是最重要的。

最後，i特質是最注重「感覺」的特質。舉例來說，餐廳的餐點好吃很重要，但是裝潢可能更重要。如果菜餚美味，但裝潢老舊，很可能仍會成為他們的拒絕往來戶。

這些關於i特質的一些描述，是否與你身邊的人或你本身特別像呢？接下來，我們談談i特質的優勢和盲點。

i特質的優勢和盲點

所有的優點都是一體兩面，如果運用得當，就會是優點，但如果用得不好或是太過度，反而會有不好的影響。

只i特質最大的優勢就是熱情，如果D特質是把能量灌注在目標，那i特質就是把能量灌注在情緒。

當我們與i特質講話的時候，可能會發現對方總是情緒飽滿，甚至可以說是誇張，往往是朋友眼中的笑話王和模仿大師，不過盲點是大家容易對他們有個誤會，認為他們講話好像不太認真。我常聽到i特質的朋友說，當他在「練肖話」的時候，大家都相信；但他一要講正經的事情，大家都覺得他在騙人。

而在人際關係上，i特質特別擅長與人相處，常常主動找人聊天，隨便都能找個話題聊起來，接收各種訊息的能力特別強大。他們也很喜歡大家一起做些什麼事情，例如邀約大家一起吃飯、假日出遊，甚至在辦公室發起團購。

反過來說，i特質通常比較害怕寂寞，如果發現自己與大家相處得沒這麼融洽，可能就會就此氣餒，因為他們總是希望得到大家的認同或喜歡。

最後，i特質的行動力很強，但這行動是由熱情趨動，而不是結果來驅動。如果要D特質做一件事情，往往會貫徹始終。但i特質如果熱情沒了，經常會選擇放棄。所以常會被人說三分鐘熱度，想到什麼事情都想做，但熱情消失或困難浮現了，他們就會嫌麻煩。

這時，如果我們給i特質一些鼓勵，他們可能又可以繼續下去。許多公司的業務單位都有i特質高的業務人員，他們如果遇到了一些低潮，很可能會放棄，因此公司常會舉辦一些激勵的講座，或是一些使人感動的活動，鼓舞大家的士氣。

如果你也覺得自己真的很能與大家打成一片、特別有趣、常常揪著大家出門玩、注重感覺大於實用，那麼你很可能是i特質高的朋友。而當你發現朋友們經常跟不上你的速度、對於你提出的話題興趣缺缺時，不妨參考接下來的修練方法。

i特質的修練

因為i特質有許多發散與跳躍性的想法，這對創意很有幫助，但是如果沒有經過整理，常常會讓溝通的對方搞不清楚邏輯順序。

可以做的，是先把這些想法試著寫下來，並且順過一遍。每次談話的時候設定一個談話的目標，告訴自己至少要完成這個目標，之後怎麼閒聊都行。

i特質因為常常表現出誇張的感覺，例如有人請他吃自己手作的東西，他就說：「哇，這根本是米其林三星主廚的功力吧！」

對方也許比較拘謹，會疑惑這麼浮誇的讚嘆是不是場面話。我常覺得i有個劣勢，當展現很多誇張的反應時，往往讓對方覺得不太真誠。可以試著調整自己的情緒以及話語內容，讓對方感受到一份誠懇。

最後一個修練，是在互動的時候，除非相當確定對方也是i特質，不然可以先避免一些私領域的談話或肢體碰觸。在i特質高的人眼中，或許覺得什麼事情都可以聊，但其他人可能不是這樣，有時候會讓對方產生被冒犯的感受。請記得，不要去強迫對方變得外向，而是我們可以試著去適應對方的速度。

簡單來說，i特質真的太「熱」了。如果對方與我們的溫度不太一樣，很可能一不小心會被燙到。不如慢慢加溫，相信最後對方一定會與我們愈來愈熟。

【溝通思考題】

最後，留三個思考題給你，換你想一想。

- 如果你是i特質高的人，你想怎麼改善溝通呢？
- 如果你不是i特質，你在什麼情況下會展現i特質呢？
- 你認為怎麼樣與i特質溝通，他們會更願意聽？

第24課

與i特質互動

我們什麼時候會展現i特質？我自己最常是在於某個熟悉的群體，而且談論重點都是圍繞在快樂和有趣的時候。好比和高中、大學，甚至是企業講師班朋友聊天，那真是上天下地，無話不談，明明聊了很久，但隔天完全不記得那天講了什麼。

其實，當我們想讓現場氣氛變得活絡時，i特質就會出來幫忙。

i特質的對話模式

如果要說i特質的說話模式，用一個簡單的比喻，就是綜藝咖。有很多高低音的起伏，加上誇張的表情和語調。他們也非常喜歡用最極端的比較量詞，加上一個形容詞。

例如他們會說：

「超猛的！」

「無敵讚啦！」
「太神啦！」
當我對自己產生懷疑，有一點沒把握，需要一些認同時，我都會去找我的 i 特質朋友聊聊。他們大概可以連續吹捧好幾個小時，讓我們發現原來自己這麼棒。
再來，i 特質通常都以感覺為出發點，搭配上有趣生動的比方，再加個語助詞，基本上就八九不離十了。他們會說出：
「天啊，你比米其林主廚還厲害耶！」
「哇塞！你不要騙我這是你媽，這是你妹吧！」
「欸！你真的要去看那部電影，全場哭爆，服務人員都出來賣衛生紙了！」
這些話當然浮誇，甚至沒什麼邏輯，但 i 特質在乎的不是邏輯和合理性，而是如何讓氣氛融洽。所以和他們溝通時，重點不全然在內容上，可以參考第十七課提到的「打桌球」比喻，讓這份快樂延續下去。我也提供一些我與他們對話的方法。

重視氣氛，需要認同與讚美

首先，我認為與 i 特質講話的大忌，大概就是讓他感覺到「你沒這麼喜歡他」，或是潑他冷水。好比今天i特質對我們說：

「我昨天去吃一間餐廳，叫忘形小館，那邊的烤肉真的超讚的！」

這時候，如果我們回應：

「還好吧，我上次吃覺得不怎麼樣耶！」

不管對方是不是i特質，其實潑冷水都是不好的溝通方式，除非與對方真的有某種程度上的默契。就算彼此有默契，也應該要好好思考。畢竟我們已經知道，人們講話通常有兩個前提：「我是好的」和「我是對的」。

因此，我會先認同對方，讓他可以多講一些。例如：

「哦，聽你說好像超好吃，下次一起去吃啊！」

i特質重視氣氛和人情。所以營造出熱鬧、大家一起的感覺，就是對他的肯定。

i特質還很喜歡稱讚別人，也很需要別人的稱讚。如果能察覺對方近期的小改變，或是從他最近更換的周邊物品下手，通常都有奇效。

例如，我曾對一個i特質的朋友說：

「你的新髮型很俐落，而且配色好看！」

這時候，他便開始分享他怎麼與設計師溝通，一開始是如何擔心，後來又如何變成現在這樣。為什麼我說他髮型好看，他就能夠講起很多故事呢？這就要回到i特質發散思考的特性。另外也要注意，與這樣特質的人講話時，常常會離題。

曾經聽過一個同學的比喻，他說與i特質對話，可以想像成是看影片時忽然跳出的廣告。雖然有點煩，但是還是要把廣告看完，並且提醒i特質該回到正式影片上。

如果要與i特質溝通事情，建議先規畫長一點的時間，並且確認今天要談到的幾個重點。如果真的聊得很開心，就讓先他離題發揮，等他說完後，不是馬上把議題拉回來，而是先回應他的內容。可以採取三段式的回應方案：

【認同好奇】⬇【稱讚對方】⬇【巧妙回題】

例如：

「真的假的？太誇張了吧，後來怎麼處理呢？」（認同好奇，讓他繼續說下去）

「如果我是你，大概早就生氣了！你脾氣也太好了。」（稱讚對方）

「還好你不會這樣對我，讓我對剛剛的討論更有信心了。對了，之前說到……」（巧妙回題）

重點是讓他感受到我們重視他的內容，並且產生共鳴。發現了嗎？我在其中也運用很多的語助詞，讓我和他的感覺更相似一些。

與i特質起衝突時，該怎麼辦？我給個口訣，叫「沒道理，都他說，我明白」。因為i特質在處理衝突上，往往會不斷地表達，從心情立場，到彼此態度，再到事發情況等等。

這時候，假設我們向他理性分析，他大概會開始跳針和離題。所以最好的做法就是放下道理，先讓他表達。記得不斷點頭，接著在最後對他說：

「抱歉，原來是這樣，我懂了。那你願意聽聽我的想法嗎？」

當他把他想說的都說完後，他就願意聽別人說了。雖然不見得會認同，但至少能夠重啟對話的模式，在理解彼此的情況下，也更有可能促成溝通。

【溝通思考題】

是不是又多了解i特質一些了？這些思考題希望能讓你與i特質相處更融洽。

- 身邊i特質高的人，有哪些溝通方式讓你最受不了？
- 你能夠怎麼合理化他們的行為，從正向的動機出發，讓自己舒服一些？
- 有什麼方式，是你平常已經使用，或想嘗試看看的方法？

第25課

S特質的特徵與修練

每次說到D特質和i特質，我都會形容他們是把能量放在外在的特質。與他們相處，通常都能感受到他們對於結果的衝勁，或對人的熱情。

接著，我們要來了解把能量專注於內在的特質。如果要選擇朋友，我覺得每個人都需要有個S特質的朋友。

這是個把能量都放在與人深度連結的特質，會如何展現呢？

S特質概述

大家說起S特質比較明顯的朋友，大都是溫柔體貼，很會照顧人。他們總會說出幾個你我非常熟悉的口頭禪：

「怎麼了？」

「還好嗎？」

「需要幫忙嗎？」

S特質在與人對話的時候，通常都是從這樣的關心句型開頭，因為他們真的非常在乎別人。他們的好，就是大家都好。雖然i特質也是很熱心幫忙的，不過他們通常先問一陣，回頭就忘了。

當然，i特質並不是故意的，只是他們的注意力太分散，但S特質就會一直把那件事情放在心上。S特質在幫助別人時，往往比做自己的事還認真，因為他們害怕給人添麻煩，不希望造成人家的困擾。

與S特質對話特別舒服，不太會出現無厘頭或是過激的言語。也不太會與人起爭執，能讓步就盡量讓步，更會盡量記得別人的喜好。例如大家一起去吃飯，他們總能夠說出誰不吃什麼。進了餐廳還會默默地幫大家準備好餐具，甚至拿起衛生紙擦一擦，讓人感受到他們的體貼。

與i特質一樣，S特質把他們所有的注意力都放在了別人身上，但不像i特質擅長炒熱氣氛、揪團活動，而是在別人的身旁默默支持，給予關心。我常說i特質的往來像大火快炒，S特質則像細火慢熬，比起結果，他們更重視過程的陪伴，常常會和你提起過往發生的許多事情，並和你分享他們的細膩觀察。與他們相處的時候，總是能感受到滿滿的溫柔。

這就是S特質，是不是覺得一定要有個具備這種特質的好朋友呢？不過如果不明白S特質，有時候也是會被弄得又好氣又好笑。來看看S特質的優勢和盲點吧！

S特質的優勢和盲點

S特質是最好的傾聽者，總是默默給予其他人支持。我常常說，如果你失戀了，向D特質訴苦可能會被罵，與i特質說會被帶去喝酒，只有S特質會真的陪你聊心事。

因為特別擅長傾聽，所以他們在人前也顯得沒什麼主見。以前，我超害怕與S特質開會，如果有件事情想徵詢意見，可能會得到「都好、都可以、看你們、沒關係、我不知道耶、我要想一下……」等等回答。

聽到這樣的答案，是不是想搖搖他們的肩膀呢？其實這就是S特質的正常發揮，他們也許有想法，但不知道適不適合、會否得罪人、說出來可能麻煩到別人，或是擔心這個答案不好……因此常常考慮非常久。

另外，S特質其實非常樂於助人，只要你有事想請他幫忙，他一定會非常樂意，而且認真處理。不過把事情交給他們後，他們大概三不五時就會找你討論。剛開始，我覺得對方很細心，但在來回確認的過程中，我發現這好像比自己做還花時間。

當然，事情不一定只有一種做法，好壞也是見仁見智。如果把同一件事情交給D特質做，可能會發現對方省略了很多部分，只求最終結果；交給i特質，則會出現更多想像，畢竟他們總想做點與眾不同的事情。只有S特質非常穩定，他們不會自作主張，不會偷工減料，也因此，他們必須時時刻刻確認自己的做法是否正確，自然更花時間，也讓人有點哭笑不得。

如果你也覺得自己就是那個每天都在為他人著想，並且樂於付出、願意幫助大家、擅長傾聽的人，應該就是相對傾向S特質。接下來，與你分享幾個可以讓自己過得更自在的方法。

S特質的修練

相對於和「控制」有點相似的D特質，S特質則非常容易變成「討好」。

首先，是因為S特質真的很樂於助人，又因此給自己過多壓力。別人請我們幫忙，就是幫忙而已，我們不是真正該負責的人。如果對方都不著急，自己何必多擔心呢？

當我們把所有的事情都攬在自己肩上，除了自己不開心，也會對那個該負責的人產生一種不平、怨懟的心理，還要勉強自己不要討厭對方，這實在是太辛苦了。

與其他特質相比，S特質講話再怎麼直，其實都是非常溫柔的。如果有什麼很想說的話，請記得一定要說出來。如果不說，對方一定不會知道，不如說出來，讓彼此能有更多互相理解的機會。

也要提醒S特質，不是每個人都如此充滿耐心，並且隨時準備傾聽。建議在面對其他特質時，可以考慮從結論或是行動開始說明，幫別人節省一些時間，讓其他人對我們的信任度更高。

適時調整一下，反而會讓S特質與其他人的關係更好喔！

【溝通思考題】

最後，留三個思考題給你，換你想一想。

- 如果你是S特質高的人，你會想怎麼改善溝通呢？
- 如果你不是S特質，在什麼情況下會展現S特質呢？
- 你認為怎麼樣與S特質溝通，他們會更有安全感？

第26課

與S特質互動

不知道你身邊有沒有S特質高的朋友，如果沒有的話，趕快去認識。雖然他們相對內向一些，但只要我們誠心以對，他們絕對不會拒人於千里之外。

也因為這樣，高S特質其實並不難溝通。與他們對話時，只要花時間聽他們說話，並且給他們一些回饋和肯定，我想S特質是絕對不會與人起衝突的。

我也常思考，自己什麼時候會切換成S特質呢？觀察後發現有兩個情境，一個是想要和別人有深度連結的時候，另一個則是面對某種未知，並且產生恐懼的時候。

例如朋友今天心情不好，找我聊天，我會盡量地聽他說話，讓他能夠把情緒都發洩出來。S特質讓我能夠慢下來，溫柔地對待對方。

又或是我今天要上台分享，但台下有我的前輩老師，使我特別緊張。這時，我的S特質就會變得明顯，讓我心中產生更多的小劇場。

接著，我們來思考如何與S特質好好對話。

S特質的對話模式

S特質在說話時，就像是廣告那句：「世界愈快，心則慢。」總覺得他們沒有什麼侵略性，能讓人安心。不過在切入正題之前，他們可能會加上這一段開場白：

「不好意思，你現在有空嗎？真的很抱歉打擾，那個……」

因為S特質總是很關心別人，也很照顧他人的感受，所以與其他特質比起來，可能會先道歉，或是再三確認對方目前有空。這樣當然很有禮貌，不過身邊很多S特質高的朋友，明明很熟識了還是會這樣說，我有時會在心裡偷偷想，能不能趕快講重點。

而當S特質要決定事情的時候，大概會不斷地問：

「你覺得我這樣穿好嗎？」

「這個企畫這樣寫真的可以嗎？」

「老闆看完真的能過嗎？」

S特質很需要別人的肯定，但其實否定他們的都不是別人，通常就是他們自己。甚至當其他人回應後，他們又會陷入另一個迴圈，說著「可是、但是」等，轉個彎否定自己。比如他們會說：

「可是我覺得這樣穿好像有點奇怪……」

「但是這個企畫和上次那份比，好像不太完善耶……」

「我怕老闆就算過了，後面會不會提很多要求啊？」

一件很簡單的事情，對上S特質時總要來回溝通一陣子。但如果理解S特質只是需要我們給出更多的安全感，一切都能明白了。

接下來，我們來聊聊與S特質溝通時的應對策略。

講話迂迴，需要陪伴和認同帶來的安全感

與S特質互動時，重點不是放在最後的結果，而是過程能不能讓對方感到安心。

舉例來說，如果在公司，S特質很常會被認為是相對內向的人。他們不但話不多，也不太愛發表自己的意見。如果開完會之際，主管忽然指名S特質，說：

「你剛剛都沒說話呢！說說你的看法啊？」

這時候的S特質其實不是沒想法，而是事發太突然，在反應不及的情況下，大腦一片空白，不知道怎麼講比較好。當主管又是能量外放且反應快的特質時，可能會說：

「你不要每次會議都不發言，大家要把東西講出來，我們才能一起前進。」

S特質真是冤枉，他不是不發言，而是還在整理自己。對他而言，當節奏突如其

來，實在沒辦法這麼快地跟上。所以，第一個建議，就是不要拿著麥克風堵他。

對於S特質來說，最好的舞台不是公眾場合，而是私下的對談。可以在會議結束之後，不經意地走到他旁邊，先關心他最近如何，建立起聊天的氛圍，再切入到剛剛會議的想法。我會這樣切入：

「對了，今天講某個議題的時候，好像沒有聽到你發表，想說順便問你有沒有一些想法呢？我很想聽聽你的意見。」

首先，前面要有其他的對話，接著運用「對了」來切換話題，比較像「忽然想到的」，而不是針對。再來，不是問他為什麼在會議上沒發言，而是用「好像沒有發表」來降低注意。最後再「順便」問他有沒有什麼想法，並且提出對他的重視。

當然，如果他還是沒有因此表達意見，也不能勉強，但至少經過這樣的引導後，S特質願意提出想法的機率會比較高。而如果他真的說出自己的想法，建議給他一些正向回饋，例如：

「太好了，聽到你這樣講，我就放心了。」

「謝謝你告訴我，我覺得你的意見很有價值。」

這樣正向而不浮誇的回饋，能夠讓S特質對我們產生信任。而在聽他說話的時候，也請記得要留足夠的時間給他。因為他可能會加上很多思考與敘述的過程，大概要到最後才能夠聽到真正的想法。

我們還可以藉由兩個行動與S特質建立深厚的情感，一是理解他的問題，二是看見他的付出。

記得以前，有個S特質的同事問我「會餓嗎」，我對她說：「我不餓，你可以先去吃。」她說她也不餓，但過了幾分鐘後，她開始吃餅乾。

我當時很不解，便說：「餓了可以先去吃啊，不用等我。」後來才發現，其實S特質會希望和大家一樣。即便對方沒說，他們也會盡可能地配合。他們的問題背後，有時候正是他們的需求。

下一次，當S特質問大家要不要喝飲料時，請不要反問他要喝哪一間。他可能擔心說出來不符合需求，反而不敢表達。遇到這樣的情況，我通常會回：

「被你一說，我也好想喝飲料。你有沒有推薦的飲料店啊？」

這時候，他就會很開心地分享他的答案了。

最後，S特質通常都會默默地幫助別人，如果看見他今天幫了我們一個小忙，當面對他說聲謝謝，又或是傳個訊息給他，感謝他幫了這個忙，都會讓他非常地開心。

S特質是個需要陪伴、並要慢慢引導其說出答案的特質。他們樂於助人，但也需要我們的看見與回饋。只要做到這些，S特質絕對會是我們最溫柔又堅強的後盾。

【溝通思考題】

讓人安心的S特質，內心還是會有些小劇場。透過這些思考題，希望大家能一起讓S特質充滿安全感。

- 身邊S特質高的人，有哪些溝通方式讓你最受不了？
- 你能夠怎麼合理化他們的行為，從正向的動機出發，讓自己舒服一些？
- 有什麼方式，是你平常已經使用，或想嘗試看看的方法？

第27課

C特質的特徵與修練

上一課說到S特質，是專注於內在、把能量放在與人深度連結的特質。C特質也是專注於內在，卻是把能量放在對於事情的思考上。

C特質概述

通常傾向C特質的朋友，很可能會被大家說成是「理科腦」。他們做事情的時候講究邏輯，並且要求很多。如果他們有個口頭禪，那肯定是：

「為什麼？」

除了要知道現象或答案，C特質更關注背後的原理與原則。因為他們相信，萬事萬物都有系統，有能夠依循的規則，只要找到方法，就能夠優化它。也因此，C特質大都從事各種需要研究、不脫離「師」字輩的工作，例如律師、會計師、工程師、心理師、醫師、老師等等。

聽這些人師講話，他們的語調大都很平穩，沒有帶著太多的情緒與高低起伏。並不是說他們沒有情緒，只是他們通常選擇抽離，並且相信思考才是一切的答案。

如果常常和C特質相處，會發現他們聊天的話題大概都有某種專業度，不一定和工作相關，例如打電動時，他們特別能夠整理出攻略。如果是吃飯，他甚至可以打開記事本，說出對於各家餐廳的分析。

C特質喜歡記錄，希望把一切資訊變得可見。我有一次詢問一位C特質高的朋友，怎麼樣買手機比較便宜。他先問了我幾個問題，經過一小時，他居然給了我一張整理比較表，上面有各家手機綁約後的平均月付額，以及可用的內容。

正因為渴望把一切事情變成資訊，C特質在做事情的時候，除了認真規畫、思考流程，還可能會做出一張代辦清單。如果和他們一起共事，通常會拿到很多的資料，要花點時間消化，理出明確可行的步驟。

C特質就是忠實貫徹「我思故我在」的特質，如果想邀請他們共度閒暇時間，最好找一些需要思考，或是能輸入新知的活動，例如聽演講、玩密室逃脫或桌遊這一類。拉近關係之後，他們肯定會是神隊友。

我都說C特質像是人形機器人。他們善於研究原理、制定規則。懂他們的人，會愛上他們對於優化的執著，但不懂的人，可能會覺得他們很冰冷。

接著，我們來深入了解C特質的優勢和盲點吧！

C特質的優勢和盲點

C特質很喜歡思考與分析，當我們要客觀地做選擇，希望別人給一些意見，但又不希望對方幫我們決定，找C特質商量就是個好方法。

舉例來說，問i特質某個電影好不好看，他可能會馬上對你說這部片多讚、他看了幾次、看完有多麼感動，強烈建議你一定要去看等等。然而C特質不會馬上給你答案，他們或許會問你：

「你平常喜歡看什麼樣的片子？」

「你對於劇情或特效很在意嗎？」

當你回答後，他可能會再告訴你：

「如果你喜歡看動作片，對於劇情又不是太在意，這部片還算OK。雖然女主角真的不太會演，她在前半段和後半段的角色性格真的不太合理，但男主角演技有八十分以上，你可以從細微表情看出他的情緒起伏。接著對於壞人……」

雖然沒有透露劇情，卻可以說出一大堆的看法，並且加以佐證。如果需要評論和分析，C特質是非常在行的。但聽C特質分析完，我們想看電影的心大概都冷卻了。

我身邊有很多C特質的朋友，他們總會仔細閱讀我的文章，幫我挑出錯字。甚至會向我分析怎麼寫可以更加完整。以前不懂，都很想對他們說「關你什麼事」，但明白後，就知道原來那是C特質表現在乎的方式。如果說D特質是在後面推一把，幫助我們不斷朝目標前進，那麼C特質就是幫助我們防禦，盡量讓前方的風險降到最低。

很多時候，C特質總會被人說是潑冷水、扯後腿，甚至雞蛋裡挑骨頭。常常讓人感到不近人情，或是沒有彈性，但在他們的心中，這些都是為了避免各種風險。

而如果要避免風險，就要讓一切事情更加優化。他們往往會制定規則讓眾人依循，希望讓一切的事情都有秩序，能用理性和思考來面對，所以他們也經常無法理解對方為什麼忽然要發脾氣，或是不能明白對方口中的「感覺」來自於哪裡。

再舉個C特質朋友的例子：這位C先生的i特質女友有次參加歌唱比賽，雖然沒有得名，但她還是很開心，問身邊的人自己唱得怎麼樣。這位C先生便認真分析了哪邊的唱功可以加強，並鼓勵她下次一定可以更好。

猜猜後來怎麼樣？這位i特質的女友當然很生氣地走掉了。C先生還向我抱怨他的女友莫名其妙，明明他講的都是事實啊！

如果你看到這裡，也覺得那位女友莫名其妙，那可能你的C特質也滿高。我們來看看C特質可以如何修練吧！

C特質的修練

對於C特質來說，第一個重要的修練，是學會讚美別人。

C特質很能看出細節，又擅長分析，加上完美主義，因此只要遇到別人，就希望能夠幫助別人優化。但在別人的耳中，這個行為就叫挑毛病。

不過，只要能夠看出對方的好，並把這些分析的方式運用在分析對方為什麼會這麼好。接著再告訴對方，如果想要更好可以怎麼做，那就是大大加分了。

第二，C特質還要懂得運用「情緒」與「感覺」。以讚美而言，C特質可能會說：

「你今天的打扮是以白色衣服作為基底，加上紅色的長裙，這樣看起來很協調。」

也許，偶爾可以像i特質一樣，向對方說出：

「你穿這樣超美的啦，看起來超優雅的，根本是女神下凡！」

當然，不是遇到每個人都要這樣稱讚，但若我們說話時沒什麼起伏，對方感受不到我們的稱讚，更像是評論。i特質說這句話時，通常會是很喜悅的，這就是情緒的重要性，也是C特質要修練的第三個關鍵，「暫時關閉邏輯」。

很多時候，C特質都太認真聽人講話了。例如聽到「女神下凡」、「一生一定要吃一次」或「喝完這杯好像獲得重生」等等形容，他們都會開始思考女神的定義到底是什麼？這一生沒吃到好像也不會怎麼樣？喝飲料重生可能是因為糖分？喝別的也行！其實C特質可以暫時關閉這些邏輯。畢竟在聊天的場合，大家不一定是真的要討論事情，有時只是抒發情緒。

簡單來說，除了資訊分析，C特質也要學會談情說愛。當我們能夠慢慢地拿捏到這個分寸，開始展現情緒時，與人相處就會變得非常順利。

【溝通思考題】

最後，留三個思考題給你，換你想一想。

- 如果你是C特質高的人，你想怎麼改善溝通呢？
- 如果你不是C特質，在什麼情況下會展現C特質呢？
- 你認為怎麼樣與C特質溝通，他們會更信任你？

第28課

與C特質互動

C特質習慣思考，喜歡用數據說話，不參雜太多個人的情感。當我們需要別人從更客觀的角度，「說真話」來砥礪自己時，C特質的朋友是我們的最好選擇。

不過，C特質通常也抱持許多原則，並且認真遵守。他們相信一切都要有秩序，絕對不能亂來。也因此，當我們會展現C特質的時候，就是需要規畫以及比較的時候。好比出門旅遊，我們一定會細細思考行程路線、住宿的價格、安排交通時間等等。

所以，如果要和C特質對話，重點不是我們說的話，而是這句話背後帶出來的資訊與思考。理解這點後，我們來看看C特質的對話模式。

C特質的對話模式

我常覺得C特質在對話的時候沒什麼溫度，但很有公信力。他們總是語調平穩、咬字清楚，說出的字句都很完整。有許多的專業人士都會這樣講話，例如醫師、主播、律師等。

也因為這樣，C特質總讓人感覺有些距離，這也展現在他們對話的內容中。而和S特質一樣，他們再說話前，也有開場白，不過他們的出發點不是擔心，而是需要說明這句話的前提。例如：

「以下是我的個人想法和意見，不見得是答案，我的想法是……」

我們會發現，C特質的開場白通常是將話題限定在某個範圍內，可以說他們比較保護自己，但他們通常是為了讓這些意見更完整地被呈現。而也因為這樣，他們講話時可能也有很多的不確定感。例如：

「我想這個有很多種可能，我個人的猜測是……」

如果和C特質對話時，沒辦法得到明確的答案或是承諾，也不要急著生氣。畢竟就他們的完美主義而言，只要有一絲不確定，他們就不會貿然回答，非得在相當有把握的時候，才會給出保證。一般來說，他們會思考最糟的情況。

也因為這樣，很多人覺得C特質喜歡潑冷水。好比當大家都開心地討論週末要去哪玩，C特質可能會說：

「你們有看天氣預報嗎？週末會下雨喔，你們要不要想個備案？」

聽起來真的很掃興，但C特質只是想提醒大家會下雨，而不是想打壞大家的興致。只要能理解這點，C特質會是眾人最好的鏡子，提醒我們各種盲點，並透過思考，幫助大家避免危險。所以，我們也可以從這些地方，來思考如何與C特質對話。

講話都是資訊，那就和他討論細節與計畫

和C特質對話的時候，最重要的就是明白他在意的「資訊」。舉例來說，你對他說一間餐廳很好吃，可能會說肉很大塊、很划算、服務很親切等等。

但C特質可能不會因為這樣就想去吃，他會進一步詢問：

「好吃的基準是以什麼為基礎，你平常大概吃什麼餐廳覺得好吃？」

「肉的大塊是多大？肉質吃起來怎麼樣？」

「划算是以品質來說，還是單純的價位？」

諸如此類的問題，可能會讓人無法招架。但C特質不是要問倒誰，他只是需要更多資訊。

也因此，當與他們對話時，不要分享「感覺」，而可以多分享規格、細節、比較表等等。我把這些資訊叫「參考物」。例如報告這週的進度，可以拿上週進度一起進行對

比。而如果想向他介紹一個產品，也可以拿上一代或是他牌來做比較。

C特質想要達到目標的時候，通常會做很完整的研究，不會只聽人家說。好比買東西，他們會花很多時間了解別人的使用經驗。談事情之前，也一定掌握了大量資訊。所以，和他們溝通、介紹與簡報時，請記得不要兩手空空，最好有大量的資料、出處來佐證。最重要的，是當他提問的時候，一定要實問實答。

而如果他問某個產品的功能，但你剛好不知道，該怎麼回應呢？這時候，記得不要虛應故事，反而要很真實地對他說：

「不好意思，對於這個功能，我目前不清楚，我查詢後會馬上告訴您。」

雖然說了這句話，可能還是會被質疑。但如果敷衍了事，C特質會馬上中止合作。因為他們最在意的就是原則，討厭說謊與沒有誠信的人；也因為他們做了很多功課，能夠馬上發現謊言。

最後，很多專業人士都是C特質，他們都有著對於自己專業的堅持，只是我們常常不知道，所以踩了他們的底線。好比患者去看病，自以為搜尋過很多病症，就幫自己下判斷，往往會讓醫師感到不可理喻、被冒犯。

我也想起自己經歷過的一件事，以前想向公司法務爭取什麼，基本上都被打退。但後來發現只要虛心向他請教，把我的需求告訴他，他就會想辦法在原則內幫我找到一條可能可行的路。這讓我領略，與C特質溝通並不是要他讓步，而是去理解他的堅持，並與他討論出共識。

雖然C特質還是給人不太容易往來或是不近人情的印象，但我認為他們需要的是懂他的堅持與專業的人。所以，只要相信他的專業，虛心向他請教，C特質其實比我們想像的彈性要大很多。

下次遇到C特質，請記得欣賞他們的特質，會發現真的都是高手在民間呢！

【溝通思考題】

C特質沒有想像中那麼難搞吧！透過這些思考題，希望幫助大家欣賞理性又可靠的C特質。

- 身邊C特質高的人，有哪些溝通方式讓你最受不了？
- 你能夠怎麼合理化他們的行為，從正向的動機出發，讓自己舒服一些？
- 有什麼方式，是你平常已經使用，或想嘗試看看的方法？

第29課

學習彈性，而非限制及分析

這一課，是講DiSC的最後一課，想來談談我學習DiSC到現在的體悟。歸納起來，我認為是「突破」、「調整」與「彈性」這三個關鍵。

突破，而非限制與合理化

很多人理解這些特質之後，可能會對別人說：「我D特質高，講話比較凶，你別介意啊！」「我就i特質，所以愛講八卦也是應該的啦！」「老師說我是S特質，我真的不喜歡說話。」「我是C特質，沒辦法感性是正常的。」

而我認為，理解這些特質是為了讓自己更好，而不是合理化自己的弱項。因此學習DiSC後，最重要的是提醒自己，還有一些盲點可以調整，能夠變得更好。

這絕非是逼死自己，一定要改掉某些習慣。而是只要能夠在每次行動時，有意識地感受到自己的哪一個特質可能正在作用，這樣就夠了。

一開始可能很難，但可以在一個會議、一個決定，或經歷一個情境之後，回頭想想剛剛發生了什麼事、我展現了哪個特質、這為我帶來了什麼好處與代價。做了這樣的覺察和統整後，慢慢地，會對自己每次的決策更加理解，並能不斷修正。

接下來，就是溝通的策略了。

調整，而非分析與標籤

剛開始學DiSC的時候，我總是很享受分析別人的感覺。本來以為這樣就能夠讓我與大家相處融洽，卻正好相反。大家總覺得與我互動時，都不知道我在想些什麼，回應起來也很不自然。

這樣的不自然，正是因為我把焦點放在分析對錯。在社交場合中，我總不斷思考，眼前這個人剛剛聊天時好像是i特質，但有個正妹來了，他突然變成了S特質。等到後來他與我講起話，又展現了D特質。

我們在第二十課說過，所有的特質我們都有，只是在不同的時間發揮。DiSC只是個工具，而不是你眼前的這個人。比起分析，更重要的是感受與回應。而且當我們分析對方時，其實多半會讓對方感覺到不太舒服。

要如何感受與回應呢？我想，當我們能夠大致歸納對方目前的行動或言語是哪個特質，我們就能調整自己的頻率。

在英文中，「Like」既是喜歡，也是相像。我們只需要讓自己跟上對方，和對方比較相像，就容易讓對方感受到親切感。這就是調整頻率。

過去聽廣播，總要調整頻率，不然收音機會收到很多雜訊。同樣的，我們和對方溝通時，也是個調頻的過程。

這可能會讓人有點疑惑，難道我們需要變得與對方完全一樣嗎？老實說，以前的我以為學DiSC是要快速變身，遇到i特質時就要一起「嗨」，看見D特質要硬起來，面對S特質要很溫柔，碰上C特質要很冷靜。

但當我的本性不是那樣，刻意表現出那些特質就會看起來很奇怪，對方甚至會覺得我很做作。彼此都不自在，只會讓對方覺得更尷尬。不斷摸索後，我才發現溝通不是要我們變成別人的模樣，只需要感受對方當下的行動可能是什麼特質，表現出自己自在、別人也能夠接受的樣子就好。

舉例來說，遇到D特質，我不用過度強硬，也不用變得純目標導向，只要在對話的時候，先說出結果，並且加快一點語氣就行了。

面對 i 特質，我只需要展現更多的情緒，並且當對方說明時，產生更多的認同感。和他一起開心，一起抱怨，一起享受美食，不要潑他冷水。這不代表我們也要變得超級誇張，講很多話，或是手舞足蹈。

遇到 S 特質，不必把自己變得很柔弱，或是要全方位地照顧人。我們只需要認真傾聽他要說的話，和他分享自己的真實想法，稍微把語速放慢，並且別在當下逼迫對方做決定就好。

碰上 C 特質，當然也不一定要攬下各種精密計算。不如把計算交給對方，並且認真執行他的計畫，在需要的時候和他討論細節。我們可以提醒自己，不要說太多感覺，試著說說資訊的或數據分析的結果。

當然，這些都是參考，只是希望你能夠明白，面對不同人時，我們做的不是精確分析、判斷好壞對錯，而是針對當下的行為做出相應的溝通調整，讓自己能夠往對方的特質靠近一些，這樣就夠了。

彈性，讓我們找到更多的可能性

我們以前都覺得溝通只有一條路能走，那條路如果封死了，塞車了，我們總會有很多情緒，並且感到挫折。

而了解各式各樣的心法、工具、可能性，會讓我們發現這個世界原來有這麼多條路可以走。當看過了很多路之後，我們就再也不會認為溝通必定有完美的路徑，只會找到一條適合的路徑。

以前看到D特質，會無法理解他在凶什麼；碰上i特質，則疑惑他「嗨」什麼；與S特質合作，不懂他是在糾結什麼；與C特質對話，容易埋怨他是在龜毛什麼。但現在，我們忽然看懂──啊，原來這只是不同特質的正常發揮罷了，有趣有趣。

第二十課提過，DiSC這個工具常被用在招募上。曾經看過一個公司好幾年都做評測，歸納出每個部門中最有生產力的是哪些特質，並在之後招募時特別挑選。畢竟把一個C特質丟去要大量交際的業務單位，他們保證會瘋掉。而如果把i特質關在一個地方與報表相處，他們大概會馬上離職。

因此，在做事情時，我們可以考慮自己的天賦與特質，但當溝通時，我們卻要反過來思考，這樣的特質是否會阻礙了自己的溝通呢？

例如D特質的優勢是目標導向、結果論，但當遇到S特質，是不是反而讓對方覺得太強勢、不近人情？而S特質的溫柔體貼，是否又會被D特質覺得扭扭捏捏？

學會這個工具後，我領悟到最重要的一句話，那就是：順著特質做事，逆著特質溝通。做事情時，當然選擇自己的優勢，把自己的長才發揮到極致。但當遇到不能溝通的人，我們要反過來想，對方是不是與我們溝通的模式不一樣呢？

也是從這一刻起，我們不會再把自己慣用的路線走法套用於對方身上，反而能去想一想對方的思考路徑，慢慢地靠近對方。

我這幾年的經驗，是當自己釋出善意、並且調整頻率時，會發現對方大都能夠感受到這份善意，也慢慢靠近過來！

【溝通思考題】

了解各種人格特質後，應該對溝通也有不少新想法了。一樣留下思考題給你。

- 理解四種特質之後，你最想突破自己的哪個盲點呢？
- 面對你覺得很難溝通的那個人，你打算怎麼調整呢？
- 思考幾個身邊的人所做、讓你很受不了的事，如何用「正常發揮」看待呢？

Part 5

互動關鍵詞

各種情境的溝通，
其實是從大家常說的禮貌三寶出發，
也就是「請」、「謝謝」與「對不起」。

第30課

「請」——邀約的參考步驟

一般常見的情境，大概是我們要主動丟球或被動接球的溝通場合。而各種情境的溝通，其實是從大家常說的禮貌三寶出發，也就是「請」、「謝謝」與「對不起」。

請，通常是我們有事情需要對方幫忙，或是想和對方合作的情況。

這幾年經營個人社群，一開始收到邀約都會認真回應，但當邀約日漸增多之後，我發現過濾邀約就已經超級花時間成本，每次的回應更是費時費力，也不禁反思自己過往開口邀約時做得不夠好的地方，難怪以前人家都不理我。

邀約時如何降低對方的理解成本？不一定是正確答案，想說說幾種我的判斷。

請求時，裝熟不一定是好事

很多人說，如果能夠親切地喊出對方的名字，那麼就能拉近與對方的關係。如果對方有英文名或常用外號，這樣喊應該沒問題。不過以台灣人來說，直接喊中文全名或是省略姓氏，很可能會讓人聽得不太習慣。如果沒有確認與對方的關係，真心建議不要這樣做。

那怎麼做比較好呢？最簡單的，就是喊對方的姓氏加上「先生」或「小姐」，這是最基礎的稱呼。如果已知對方的職稱，也可以加上去，例如某某經理、某某專員等。

別把邀約信當成通訊軟體

過濾邀約時，我所遇到最多的狀況，是許多來信僅告知自己是某單位，希望可以合作。信件內容如此，完全沒有其他細節。

這時候，我必須回信和對方確認，是想要談哪方面的合作，有沒有一些方向或是細節。若對方的回信是：「希望找你來上課，謝謝。」又要再回信給對方，詢問下一步的細節。在這一來一往之間，真的耗費許多時間。

如果真的要用信件邀約，可以先把合作方向和細節寫上，讓對方能夠快速掌握，節省彼此的時間成本和溝通成本。不僅是邀約，在任何商務場合上，其實節省對方的成本都是重要的能力。

用禮貌的詞，卻粗暴表達？

邀請合作或拜託協助，是沒有問題的。不過許多人打著合作的名號，內容卻是要求或為難。好比收過許多信件，對方說真的很喜歡我的東西，詢問我能不能免費幫忙做些什麼。每次看到這樣的信，我都會很驚訝。通常我們喜歡一個東西，不是會花錢購買嗎？怎麼會覺得是免費的呢？

而收多這樣的信之後，我開始思考，如果想要別人幫忙，發出邀約信時，也許可以利用以下五個步驟：

【說明來意】➡【自我介紹】➡【與對方連結】➡【目的與細節】➡【結尾】

很多人在信件主旨上會寫「忘形老師合作邀約」，但我會建議把邀請方向打上去，例如：

課程邀約：邀請忘形老師到得意公司教授溝通課程

自我介紹，是把合作角色說清楚。首先我會先說明自己是誰，接著可能會帶到一些公司的業務，再提出邀請，例如：

忘形老師，我是得意公司的得意，我們是一個銷售公司，平常有許多和客戶溝通的需求。

接下來，說明為什麼要找對方或如何找到對方。可以說出一些關鍵資訊，讓對方感受到我不是隨便來合作的，目的是與對方建立連結。例如：

我關注您的粉絲專頁很久了，覺得您每一篇文章都寫得很有道理。我也有上您的線上溝通課，我認為您說到很多盲點，是很多人說話的通病。希望能夠邀請您來幫我們的業務上課。

然後，該進入目的與細節了，這裡的重點是把合作細節說明清楚，包含了時、地、事、人、物、費用等，如果有希望與對方討論的事項，也可以在這邊以提問的方式來確認資訊。例如：

我們的課程預計辦在今年的十月下旬，地點位於台北的總公司，對象預計是三十名業務夥伴，希望讓他們更能與顧客建立關係。

不知道您有沒有課程大綱能夠先提供參考呢？以及，也想詢問您的課程報價。

最後，就是結尾了。這裡包含信件的總結與提供聯繫方式。提供一個範例：

以上，是我們希望邀請您來講課的內容，如果有不清楚或需進一步確認的部分，歡迎回信，或是撥打我的電話/以我的通訊軟體聯繫，期待您的回覆。

無論是邀約信或以邀約為目的的訊息當中，最重要的就是把我的來意、我是誰、為什麼找對方、合作細節、後續聯繫等幾個關鍵說明清楚。

或許會有人說：「天啊，這樣的訊息不會太長嗎？」我個人認為，說明得愈清楚，只會讓對方愈有被尊重的感覺。不清楚的邀約反而耗費彼此的溝通成本，還會讓人擔心合作起來會否有哪些事項被遺漏的情形，以及不必說出「我對你的景仰如滔滔江水，綿延不絕」等恭維，基本上都能夠在對方的心理留下一個好印象。

當我們需要請任何對象合作或幫忙時，記得從對方的角度思考：如何邀約能夠讓對方感到被尊重，能花最少的時間掌握全局，並快速地針對合作的關鍵點進行說明。

【溝通思考題】

留下三個思考題給你，也歡迎找你的同事或朋友討論看看。

- 在需要開口邀約的情境中，這一課的步驟能夠適用嗎？
- 如果能夠適用，你覺得有哪些地方要特別注意嗎？
- 如果不適用，你會如何修正呢？

第31課

「謝謝」——感謝該怎麼說？

看到這一課，可能會讓有些人很訝異，「謝謝」不就說出來就好了嗎？有必要多寫一課來談嗎？

但我想邀請你來判斷一下：如果你幫某個人做了一件事，即便是舉手之勞，花不了多少時間。事情完成後，你比較喜歡聽到哪一種感謝呢？

「謝謝。」

「謝謝你！」

當然，有些人可能覺得這兩句話看起來差不多，但如果你和我一樣，比較傾向第二種答案，那麼你會發現，很多說話的技巧中，都只差在一點小小的地方，卻很可能讓說出來的話很不一樣。

所以在這一課當中，我想分享幾個對於感謝的觀察，希望能夠讓大家對於如何表達感謝更有方向。

對誰感謝：增加受詞，讓感謝更容易傳遞

首先，是最簡單的部分。當我們需要表達感謝時，只要加個受詞，就能讓感謝更有分量。

要大多數人開口說謝謝都是沒有問題的，但我覺得感謝就像一股能量，如果能夠有一個指向性的對象，能夠讓這樣的能量更為精準。

因此，如果在說出感謝的時候增加受詞，例如謝謝「你」，或是加上對方的名字，你會發現這句話給人的感受非常不一樣。下次感謝的時候，試著加個受詞，感受一下對方聽到的差異吧！

直接感謝：面對心意，說聲謝謝就很暖心

不知道你有沒有送家人禮物的經驗？當你拿著禮物，滿心期待地交給家人時，對方的反應居然是：

「唉唷，不用送我禮物啦，這樣很浪費錢耶，錢要好好存著……」

面對這樣的情況時，會不會反而讓你送禮的好心情都打壞了呢？有時候，我們在面

對收禮的狀況時，明明是心疼對方，或是想向對方說出謝謝，但不知道為什麼，總會說出違心之論。

又比如我有個朋友，他有一次等女友下班，想開車去載她回家。但那天女友真的加班到比較晚，讓他多等了兩個小時。更沒想到，女友上車說的第一件事情是：

「你為什麼要來啦！我今天真的弄到很晚。你這樣很浪費時間耶，下次你直接回家休息啦！」

你覺得她的男友聽了是很開心，還是心中更燃起一把火呢？當面對這樣的情況時，我們只要說聲感謝就好。假設女友當時這樣說：

「謝謝你等我下班，也謝謝你等了好久，覺得一下班就看到你真好。」

如果是你，會不會覺得剛剛的等待都很值得呢？

接受幫助：告訴對方，這份幫助非常寶貴

如果對方幫了我們一個忙，我們要向對方表示謝意時，除了請客吃飯，或承諾下次相助，我覺得更好的做法，是讓對方感受到這次的幫助很有價值。

我們可能都遇過有人詢問自己想法或意見，我們花了時間，很認真分享一些經驗

談，有些人過了一些時間後，不但回頭再次感謝你，還給予許多回饋，會不會讓我們下次更想幫助他呢？

很久以前，有個朋友來問我一個問題，我當時就說說我的看法，對方也說了感謝，我以為這件事就這樣結束了。沒想到過了一個月，他突然說想請我吃飯，並且告訴我當時我說出的那些想法，他是如何去實踐，執行後對他的效用是什麼。

雖然我只是提供一些想法，但透過他的回饋，我忽然超級有成就感，感覺自己是個非常有價值的人。甚至因為這樣，幫我種下了一個想從事教育訓練的種子。

反過來想，就算只是一則建議，或一個想法，但當我們受到他人幫助後，除了當下的感謝，也許等到事情結束，我們可以分享回饋，也讓對方感受到他的幫助真的有很大的價值。

看見付出：常說出對方做的事，表達感激

我常常工作爆量，回家之後什麼都不想做，只想好好洗澡睡覺，甚至有一整個禮拜都沒有做過家事。但等到我忙完，就立刻對老婆表達了感謝，謝謝她在我最分身乏術的時候做了很多事情，把狗女兒顧得很好，把環境整理得很舒適，維持整個家的運作。

而她也回了我一句話：

「謝謝你的看見，讓這一切都不是理所當然。」

我聽到這句話時忽然很有感覺，在人際關係中，我們常把對方做的事情當成習慣，但那一切都不是理所當然，而是對方花了時間和精力的體貼。

因此，就算很熟悉，就算有默契，也不要把一切都當成是理所當然的存在。可以試著看見身邊家人、朋友、同事的默默付出，例如有些同事特別細心，或常幫忙炒熱氣氛，家人可能常常為我們下廚，又或是朋友常在低潮時陪伴我們度過難關。

只要感受到這些好，並且說出來，相信我們的人際關係一定會愈來愈好。

替代道歉：有時候，感謝比抱歉來得有力量

我發現，如果面對熟人卻常常道歉，反而會把距離推得更遠一些，這時可以改用謝謝來拉近關係。

怎麼說呢？我之前常常都會在講話的時候說出：「對不起，我可能沒有把結構講得很清楚，我要說的事情其實是……」這樣的道歉其實沒有用，因為結束之後我表達的結構還是不夠清楚，基本上沒有改變結果。

後來有一次，我被一個前輩提醒，她說：「你不需要道歉啊，我們都這麼熟了，也都知道你大概想表達的意思。也許你下次可以等到說完後，再次確認我們都理解，並說出謝謝大家願意花時間討論，或是謝謝大家如此懂我。」

在那一個瞬間，我確實感到震撼，心想：「對耶，其實比起為我的不足道歉，不如感謝大家的接納與包容。」因此我後來在面對熟人時，常改用謝謝來代替對不起。

但是，這不代表犯錯或造成人家的困擾也不用道歉，我只是想提醒謝謝也能加強誠意，例如在職場上，同事提醒我一些事情時，我除了說：「對不起，我忘記了。」也會說：「謝謝你細心的提醒。」讓對方的感受更好。

希望透過這些感謝的情境，讓你也能思考，「謝謝」其實是拉近人際關係時特別常用的方法，而這些方法分別是：

- 增加感謝的受詞
- 面對別人的心意，直接說出感謝
- 除了感謝，也給幫助自己的人回饋
- 對那些默默的好說出感謝
- 面對熟人，也許能用感謝取代抱歉

【溝通思考題】

留下三個有關感謝的思考題給你，希望你能應用在更多的地方喔！

- 為什麼面對別人的好，我們總無法直接說出感謝？
- 哪些道歉不適合用感謝取代？
- 哪些感謝會讓你覺得特別真誠？

第32課

道歉，是讓對方感受到心意

道歉的方法，是最難表達的，重點並不在於標準程序是什麼，關鍵是因為對方在意的重點不同，我們要給予的道歉不同。

不過，還是有一些可以依循的原則，以及能夠被對方理解的說法。在這之前，我們先來了解為什麼道歉常常不被對方接受。我歸納出三種常見的道歉情況：

NG1：沒有想道歉

道歉是一種主動的行為，當我們認知到自己的錯誤時，向對方道歉，並且提出補償。但很多人常常覺得自己明明沒「錯」，是被逼迫著道歉。這樣的道歉，反而會讓對方覺得不開心：

例如，當有人惹我們生氣時，他的道歉是：

「好啦，對不起啦，都我的錯好嗎？反正都是我的錯，對不起，OK嗎？」

甚至說出：

「對不起啦，我都道歉了啊，不然你想怎樣？你說啊？」

聽到這種道歉，是不是反而會更讓人不悅呢？因此，我認為道歉重點不是說出「對不起」，而是讓對方感受到我們有道歉的意圖；不是做了道歉的形式，卻表現出想與人吵架的感覺。

NG2：道歉後，加個「但是」

道歉可以搞定很多事情，不過如果在道歉後加個「但是」，那後果將不堪設想。

「但是」有很多種說法，看看這些例句：

「對不起，是我的錯，但我覺得這只是個誤會，你不用這麼生氣。」

「對不起，這次是我的錯，可是你上次也這樣弄啊！我也沒說什麼。」

「對不起，我向你道歉，不過昨天某某人也覺得真的不是我的問題。」

聽到這些話，大概也不會想要接受對方的道歉，對吧？只要在道歉後面接一個「但是」，無論前面怎麼誠懇，後面只會讓對方更生氣。甚至很多公眾人物道歉的時候，都是這個「但是」，讓事情無限被放大……

NG3：隨意就道歉

既然道歉可以解決事情，我為什麼不遇到事情就道歉呢？

我有很長的一段時間，只要一犯錯就向對方道歉，或當對方不悅時，我也道歉。本來以為這樣的禮貌能夠換來更好的關係或互動，結果正好相反，大家最常說的就是：

「你道歉有什麼用？你根本就不知道你錯在哪，也不知道要做什麼！」

我當時還不明白問題在哪，後來回想這句話，才發現除了表達歉意，道歉是否有達到它的意義還有兩個重要的評估指標，一是知道自己的錯在哪，二是能夠做什麼事情來補償或修正。

表達歉意的六步驟

了解所有NG的道歉後，其實就能整理出表達歉意、進行溝通適用的六個步驟。

◯、責任：放下那口氣，承擔責任，並且不加上任何的「但是」

一、道歉：說出能夠表達歉意的詞語，比如對不起、抱歉、不好意思……
二、反省：說一說自己為什麼錯了
三、改進：說一說自己願意改進什麼
四、補償：說一說自己能夠補償什麼
五、再次道歉：再度表達歉意

為什麼會從「零」開始呢？我覺得第零項的「責任」比較像是一個預備動作，如果這件事情沒有做好，後面的步驟也都沒有存在的必要。以及要再度強調，步驟不代表一切，道歉時還是要思考一下對方到底需要的是什麼。

我們來看看實際的例子。

朋友之間的誤會

在一般的人際關係中，因為一個誤會惹對方生氣時，也許可以這樣表達歉意：

○、責任：明確認知到，是自己因為誤會亂責罵人
一、道歉：「我真的感到非常抱歉。」
二、反省：「這件事情是我不好，我當時沒有經過確認，因此誤會了你。」
三、改進：「以後說話前，我會仔細考慮清楚，而不是直接亂罵人。」

四、補償：「我希望請你吃頓飯或是……」

五、再次道歉：「真的很抱歉，希望你能原諒。」

這通常是與朋友對話時會發生的情況，最重要的就是道歉，以及把責任扛起來。可以提出一些改進做法，讓對方明白我們已經知道他在乎的是什麼，也確保這件事情不會再發生。

這樣的情況在職場上也能適用嗎？我提供一個與主管對話的例子。

工作疏失時，與主管的對話

工作上或多或少會有犯錯或疏失，道歉常常是上班族最難開的口，甚至會導致隱瞞與掩飾。可以試著這樣表達歉意：

〇、責任：明確認知到，是自己的判斷錯誤導致損失

一、道歉：「主管，這件事我真的非常抱歉。」

二、反省：「檢查的時候，我沒有交接清楚，造成了這樣的損失。」

三、改進：「我們目前除了做出了什麼修補，也制定了新的作業程序來處理……」

四、補償：「除此之外，我也打算加班修訂新的規章，並加強同仁的訓練……」

五、再次道歉：「真的很抱歉，也想問主管還有沒有需要加強的部分？」

在這一例中，除了抱歉，還需要分析工作中的紕漏，以及強調未來的改進計畫。並且在主管還沒責罰前，就先提出想法來彌補這件事情帶來的損失。也請記得，原諒與處置的決定權其實是在對方身上，表達歉意後，要讓對方發表意見或做出決定。

最後，如果是社群上公開的錯誤，或公眾人物的道歉，也可以運用這樣的方式。

向公眾道歉

我曾經用我沒有理解透徹的學科講了一件事情，結果被很多真正的專家糾正。當下的我其實很氣，甚至不斷地幫自己辯解。但多想了十分鐘，我認為自己必須認錯道歉。那時，我的做法是：

○、責任：明確認知到，是自己沒搞清楚就發表意見。

一、道歉：「對不起大家，我錯了。」

二、反省：「我在不理解的情況下就傳遞了錯誤資訊，還誤導大家……」

三、改進：「了解之後，我發現真正的說法是……因此我下架前一篇簡報。」

四、補償：「我會持續的更新正確的資訊。」

五、再次道歉：「真的很抱歉，也謝謝還願意給我機會的大家。」

發現了嗎？其實道歉的姿態也是重點。之所以要鞠躬、低頭，就是要告訴對方，我們的姿態是比較低的。但很多公眾人物在道歉的時候，常常擺出高姿態，甚至是爭論對錯，反而比不道歉還糟糕。

希望透過幾個道歉的方法，以及負責的六個道歉步驟，讓你我在道歉的時候，更能夠讓對方感受到心意。

〔溝通思考題〕

最後，留三個思考題給你，換你想想道歉的方式了。

- 除了這一課提到的，還有沒有什麼道歉方式讓你很不開心的呢？
- 有沒有哪次道歉，是讓你覺得對方很有誠意的，他又是怎麼說的呢？
- 除了道歉之外，還有什麼讓對方消氣的方法呢？

第33課

拒絕，是不委屈也不打壞關係

還記得討好的概念嗎？可能是因為文化的關係，我們骨子中總有那麼一點討好的元素。舉例來說，如果有人向我們提出請求，我們是不是明明很想拒絕，卻不知道該怎麼說出口呢？

我們可能會想，萬一拒絕了，對方是不是會不開心？會否打壞關係？但若答應了對方，反而委屈自己，也做得心不甘情不願。

這些委屈累積久了，還可能會忽然爆發。這時，對方反而會覺得莫名其妙，他們可能會說：「我也沒逼你啊！你不想做，拒絕就好了，何必生氣呢？」

可見拒絕是個非常重要、並且能夠維持自己界線的課題。

我們與人交流時，往往會運用各種方法建立關係，包含問問題以理解對方，甚至試探對方的底線。這不是心機，而是一個很自然的過程。好比要找對方吃飯，會問問對方是不是吃辣，這就是個理解和試探的過程。相處後，朋友之間大概也有互相麻煩過對方，但總有些人不是想把我們當朋友，而是希望利用我們的這份心意。

因此，我認為懂得拒絕就是件很重要的事情。當來者不善，我們愈是有原則，愈能夠堅定拒絕，對方除了不會得寸進尺，反而還會尊重我們。

第三選項

可如果是比較資深的同事，他希望我們明天幫他處理一件事。接受意味著我們要多做事，拒絕又怕被討厭，該怎麼辦呢？

面對這種狀況，我會認為要思考除了接受和拒絕以外的第三選項。有這種可能性嗎？其實，這個選項叫「交換」。如果我們把對方的需求當成是一筆交易，為什麼不能也提出我們的需求呢？

但若我們直接提出交換，而對方的階級又比我們高，這樣不是很冒犯嗎？所以我們要把接受、拒絕、交換一起拿來用。我特別喜歡我的講師好友小虎老師對於這三個關鍵詞的說法，分別是「好」、「不好」、「好嗎」。

「好」表示想幫忙的意願，並且肯定對方的正向動機。「不好」則是表達現在無法幫忙，並且說明原因。最後一個「好嗎」，就是要我們試著提出條件交換。

我們可以把這三個關鍵詞組合成溝通的步驟，好比面對資深的同事要求幫忙，我們就能這麼說：

「謝謝學長信任我，我很願意幫忙。」（好）

「不過因為我正在趕某個案子，明天就要交出去了。」（不好）

「還是學長你能先幫我搞定這個，我們再一起搞定你那邊的好嗎？」（好嗎）

在這樣的溝通中，我們其實就能夠判斷對方到底是存心要占便宜，還是也有意願交換。如果他也很願意幫忙我們，也是好事一樁，更代表他把我們當自己人看待。

但如果對方擺明就是來占便宜，該怎麼辦呢？我會建議說法不變，但將內容改成「對方會忌諱或較不可行的事」。例如：

「謝謝學長信任我，我很願意幫忙。」（好）

「不過我目前手上有主管交代的另一件任務。」（不好）

「還是我先發信向主管報告一下？我隨後來支援你的這件事，並請主管多給我一點時間。」（好嗎）

當我們明確告訴對方，我們正在進行主管交辦的某件事，如果暫停需先請示主管，而暫停的原因是要做對方想要我們幫忙的事情時，通常對方會知難而退。

如果對方是朋友，當然也可以使用這個方法。例如，朋友邀約一個我們不想去的聚會，可以這樣展開溝通：

「謝謝你有想到我，願意邀請我。」（好）

「不過我最近真的完全抽不出時間。」（不好）

「如果是這樣的行程，能不能一個月之後再邀我呢？」（好嗎）

當然，這個拒絕方式，絕對不能用在婚禮上！萬一真的遇上活動非常重要、又有時效性的情況，建議可以提出其他的補償方案。例如真的抽不出時間參加友人的婚禮，或許用「禮到人不到」的方式來代替。

或許有人會疑惑，這一課講到現在都是交換，沒有所謂的拒絕。其實，溝通的目的就是擴大選擇的範圍，而不是被動地選擇接受或拒絕。

並且，在溝通的過程中，我們不僅能討論第三選項，還能知道對方是怎麼看待我們的。如果對方尊重我們，我想他們應該會和我們展開對話。如果對方完全不理會，繼續為難下去，請回頭思考，我們的討好只會讓他們變本加厲，並加深自己的委屈。讓這樣的人留在我們的生命中其實沒有任何好處，只會讓人生更加烏煙瘴氣罷了。

會展開對話的，都是我們希望維繫關係的人。一旦發現對方不值得維繫關係，不如堅定且溫柔地拒絕。但還是要記得，先肯定對方的正向動機再拒絕，會讓我們的拒絕更有風度喔！

【溝通思考題】

還有什麼好方法可以用於拒絕？留下思考題給你，歡迎你想一想。

- 在你的生活中，有什麼樣的人不能用【好】⬇【不好】⬇【好嗎】的方法拒絕呢？
- 除了這樣的方法，還有什麼拒絕的好方法嗎？
- 如果還有一種拒絕叫「裝傻」，你覺得怎麼做比較好呢？

第34課

讚美，是誇到對方心中

曾經聽過一句形容，說讚美就像贈人玫瑰，手留餘香。我常覺得這個說法很美，但在我們的文化中，大都是用扣分的思維，因此讚美不太常發生。好比小時候常見的場景，是我們考了九十七分，卻被父母大力斥責一頓，說怎麼這麼粗心，提醒之後不要再算錯了。

懂得讚美當然有好處，一句好話很容易讓對方產生好感。好比我每次去早餐店，店員阿姨總會喊我帥哥。聽到這句招呼，是不是就讓人精神為之一振呢？

你的心裡一定偷偷在想，誰不知道早餐店阿姨對大家都是喊帥哥美女啊！沒錯，其實每個人理性上都知道要讚美，但往往用錯力度去讚美，反而達不到效果，甚至還讓人反感。

先提幾種我覺得比較不適切的讚美方式。

NG1：空泛讚美

我們有時會真心佩服別人，向對方表達：「我覺得你很棒。」而這個讚賞的時機，若能夠讓對方聯想到自己最近做的某件事情，又或是對方對自己充滿肯定，那麼這應該是個好的讚美。

但這樣的讚美也可能變成NG的讚美，如果一直對一個人說：「你很棒。」「你很好。」對方反問：「你覺得我哪裡棒？」這時，我們若答不上來，不僅讚美不成，還會讓對方更加困惑與生氣。

NG2：違反事實的讚美

寫書期間的我，基本上是個體脂肪超高的胖子。如果這時候有人看著我，對我說：「帥哥，你看起來真瘦！」我大概腦中會有個警鐘響起，懷疑這人心中的意圖。

當我們需要讚美他人時，千萬不要用違反事實的方式。而不能完全了解事實時，也別硬要讚美對方。例如對著戴口罩的人說帥哥美女，這到底是一種稱讚，還是要告訴對方，帶著口罩的他特別帥或美呢？

NG3：讚美沒有犯錯的時刻

與朋友相處，可能會開這樣的玩笑：

「哇！忘形，你今天居然沒有遲到。不錯喔，看來有進步喔！」

說真的，正因為是朋友，所以不會不悅，反而會有親切感，但要是應用在不適合的地方，可能會讓這個讚美變得有點酸味。例如老闆對下屬說：

「哇，你這次交上來的報告居然沒有錯字，我覺得太感人了。」

當然，老闆與下屬可能都明白這不是惡意，但如果我們平常想要讚美別人，建議不要這樣做。因為聽在對方耳裡，就算不覺得被酸，也可能不認為這是讚美。

NG4：弄巧成拙的讚美，反而變批評

有一次大家一起出門玩，過夜時見到有位女生卸妝後的樣子。她先表達自己現在素顏，結果另一位朋友居然說：

「沒問題啊，我覺得你素顏比化妝好看很多耶！」

那位朋友應該是想讚美，但女生當下真的是臉色一變。這樣的讚美有什麼問題呢？

通常是因我們在讚美中嘗試用另一件事物去比較，這反而不是讚美，而是批評。

例如，我們多半也聽親戚說過：

「你們家弟弟很有出息耶，比老爸和老大都強。」

如果是媽媽，聽到這樣的讚美，是不是覺得特別尷尬呢？而我想，只要把所有NG的讚美反過來做，其實就會是很棒的讚美了。

具體的讚美

既然空泛讚美和違反事實的讚美都不討喜，那麼就用具體的讚美吧！所謂的具體，是指說出細節。有哪些細節可以說呢？這可分成兩個部分，一是具體的內容，二是具體的感受。

舉例來說，比起讚賞一個老師教得很棒，不如對他說剛剛的哪一個章節講解得很精彩、對自己有幫助。「哪一個章節」是我們體會到的具體內容，而「精彩」、「對自己有幫助」就是我們具體的感受。

如果要表達對方的工作能力很好，不如指出他經手的某個案子，其中的發想真的很獨特。「某個案子」是對方具體執行過的內容，而「發想很獨特」就是我們感同身受、想要稱讚的地方。

又或是想稱讚伴侶，比起說對方今天很美，也可以說對方今天衣服搭配很美，尤其白色的連身裙真的好有氣質。或是說對方今天很帥，因為有特別打扮，頭髮抓起來真的很有型等等。

如同第三十一課提到的「感謝」，當所有的正向能量具有指向性的時候，其實都會變得更加強大。我們不只是讚美，還要讓讚美搭配我們的觀察，讓對方感受到我們對他的重視。

練習讚美他人，也練習接受讚美

我想，讚美來自於人總希望被認同以及被肯定的需求。但就像一開始提過的，如果自己都沒有感受過被讚美，很難把這樣的感受傳遞出去。

可以怎麼做呢？不妨從身邊的家人朋友開始，每天練習讚美對方的一點，並且套用看看我們學過的例句：

「我看到你今天很認真的打掃家裡。我覺得真的很棒，家裡有你真好。謝謝你！」

收到稱讚後也請記得回應，例如：

「你也是。我看到你今天在我忙碌的時候帶狗女兒出去。我有種被支援的感覺，讓我能夠喘口氣。謝謝！」

一開始可能會覺得很怪，或說出口時感到很彆扭。但久了之後，說出讚美會變成習慣，而接受讚美也會變成自然。

當我們每一天都要嘗試從對方的身上看見一個好，還要認真地接受對方看見自己的好。除了能夠分享這樣的能量，也能夠讓自己的自信更加成長，並且讓彼此的關係更加緊密。

在此，溝通的情境就結束了。其中的關鍵詞雖然不多，但只要真的掌握，我相信這些基礎就能讓溝通更上一層樓。

當然，最重要的，還是實際地把這些情境拿來練習。如果仍然有一些溝通的疑難雜症與關卡，我們下一課再說。

【溝通思考題】

關於讚美，我就不留給你思考題了。這次是一個小作業，相信透過這個作業，你一定會對讚美這件事有不同的體會。

- 找幾位家人朋友，與他們說有個作業要訪問他們。
- 請教他們，怎麼樣的讚美是他們所喜歡的呢？
- 讓他們印象最深刻的讚美，是你說過的哪一句話呢？

Part 6

高情商溝通

除了和他人溝通，
還要時刻記得內心的自己，
也是我們需要溝通的對象。

第35課

我不會說話，怎麼辦？

每次上課的時候，總有同學對我說，自己實在不會說話、很常得罪人，這到底該怎麼辦？

我發現，其實得罪人都和「價值判斷」有關。沒有保證讓人喜歡你的方法，倒是有幾種保證得罪人的句法。如果你想與人吵架，只要用上了，基本都會引起對方的憤怒，這幾句分別是：

「你怎麼又……」

「你應該要……」

「你每次都……」

這些句子都存在著讓人進入戰鬥狀態的關鍵字，它們分別是「又」、「應該」、「每次」。我希望透過一些思路，讓你對這些問題有不同的觀察點。

「又」

「又」是一個很神奇的詞，往往一句沒什麼特殊意義的話，加了「又」就會大幅增加殺傷力。不妨比較以下兩個句子：

「你不是第一次。」

「你又不是第一次。」

或是這兩句：

「你怎麼來了？」

「你怎麼又來了？」

還有這兩句：

「你知道了。」

「你又知道了。」

是不是覺得後者聽在耳裡，都讓人情緒上來了呢？如果要改正這樣的說話方式，最簡單的方法就是直接把「又」拿開，提醒自己不要用「又」來強調，只要把完整的事情講明白就好。

「應該」

「應該」這個詞特別有趣，它偶爾能夠當成不確定，例如：「我應該沒記錯。」但如果把它用在別人身上，等同把自己的期待加諸於他人，就很容易讓對方暴怒。

例如，常常聽到的過年衝突：

「你應該要找個男朋友（女朋友）了吧？」

「你應該要結婚了吧？」

「你應該要生個孩子吧？」

一般人聽到這些話，大概都在心裡大罵「關你什麼事」。所以我們要做的，是避免把「應該」放在對話中。不把自己的期待放在對方身上，往往能夠避免很多衝突。

但很多家人長輩可能會認為，這些話還是必須要說啊！如果真的要說，我會建議把「你應該」換成「我希望」。代換一下用法，並且說明原因。雖然要表達的意思差不多，聽起來至少沒這麼刺耳。例如：

「我希望你可以找個伴，這樣人生比較不孤單。」

「我希望你結個婚，也讓彼此有個底。」

「我希望你生個孩子，會讓人生有不同的追求。」

雖然還是給建議，但是不是讓人比較能接受呢？

「每次」

老實說，「每次」是我的地雷詞，只要遇到有人對我講「每次」，我都會說：「明明就只有幾次，我算給你聽。」

之所以會這麼憤怒，是因為「每次」是個貶損對方價值的詞語，雖然「總是、老是、常常」等也是一樣的意思，只是「每次」大概是殺傷力最強的。看看這樣的句型：

「你每次都遲到！」

「你每次都不聽我說話！」

「你每次都亂花錢！」

因此在對話時，請盡量不要使用到這個詞彙。如果真的必須向對方說，建議直接請對方做我們的期待就好了。一樣把這個詞彙代換成「希望」試試：

「希望你下次不要遲到。」

「希望你能夠聽我說話。」

「希望你能規畫好花費。」

換句話表達，聽起來是不是就沒這麼刺耳了呢？

我以前就是常常說出「又」、「應該」、「每次」的人，而這都代表著我們把一個很重的球丟給對方，當對方接到這個球的時候，感受往往不會太好。而現在，我也不敢說自己已完全調整過來了，只能夠靠一次次的覺察和意識，讓這些殺傷力強大的詞彙出現頻率降低。

希望透過這樣的分享，能讓你更了解說話的一些地雷。畢竟溝通就像是踩地雷，即使做對一百件事情，只要做錯一件就會爆炸，讓前面累積的人際關係崩壞。

【溝通思考題】

讀完這一課，留下三個思考題給你。

- 當別人使用這三種句型的時候，你有什麼樣的感覺呢？
- 回想一下，你最近有不小心使用嗎？對方的反應是什麼呢？
- 你有沒有其他的代換方式，讓人覺得更舒服呢？

第36課

不熟悉的社交場合，該怎麼辦？

常聽到大家問：「在不太熟的社交場合要怎麼樣和對方聊天，甚至開話題呢？」

老實說，這也是我自己的問題，只要參加聚會，我都是待在角落，或是只找熟人聊天，畢竟要與陌生人聊天，那種不安全感實在太讓人尷尬了。

但在聚會當中，總不能一直巴著認識的人聊天，也總不能一直站在角落吧！當我們要與其他人展開互動，這時到底該怎麼樣說話才好？我想起之前從周震宇老師那邊聽到的一句話：「不只要當一個有趣的人，還要當一個對別人有興趣的人」

我們的不自在或是不安全感，常常來自於我們一直擔心別人怎麼看自己。我們揣測對方會不會不喜歡自己，或是焦慮於自己會不會說錯話等等，而老實說，別人也是這麼想的。

反過來說，怎麼樣的情況下，我們會有安全感呢？

思考一下這個情境：如果有個人在社交場合向我們搭話，當他概略了解我們後，對我們有些讚賞（例如說我們的工作感覺滿厲害的），並且更深入地向我們請教（例如詢問工作上的專業）。這個時候，我們會不會很樂於與對方分享呢？

如果你樂於向這樣的談話者分享，那只要照著這樣的思路開啟話題就好了。因此我想分享面對社交場合時，我大概會做的六件事情。

心理建設

第一步是心理建設。我會很認真地告訴自己，現場都是好朋友，沒有敵人，大家都同我一樣，只是害怕而已。

接著，我會回想起幾次與陌生人相談甚歡的經驗，讓自己重新溫習一下，其實與陌生人講話也沒這麼可怕，替自己建立信心。

找安全感

克服緊張或害怕的心情後，我會先找到邀約我的人，與他聊聊天。先從熟悉的人開始，讓自己能夠融入環境。

接著，我會請他幫我隨意介紹一個朋友。這時候我們要聊天的對象，至少不是我們主動過去講話，而是朋友介紹，所以就算尷尬，也沒有這麼糟糕。

開始聊天

聊天通常會從問句開頭，不過我的開場白大都是：

「謝謝你救了我，我其實每次參加這種場合，都不知道該怎麼找人聊天才好。」

這時候會開啟的對話大概有三種走向，其中一種是對方會對你說：「我也是！」恭喜找到了同道中人，接下來的聊天應該沒問題。

另一種，則是對方會說：「不會啦，這邊大家人都很好，像是那個誰誰誰……」這通常表示，這位朋友對於這個場合非常的熟悉。因此，我們能夠透過與這位朋友的聊天更了解這個場合，也能藉由他認識其他朋友。

最後一種，就是對方超冷淡，可能回應的語句很短，或是表情不耐。我大概聊兩句之後，就會藉由要去拿食物離開對話。

但我也想提醒，沒能在社交場合找到聊得來的人並不代表聊天失敗，只是剛好對方不想聊，或是沒有緣分而已。

選擇話題

社交場合的談話，大家通常會先從交換一些資訊開始。我覺得在這一步，最重要的是找到某些共通點，或是能深入的話題。可以就社交場合的主題來開啟談話，最簡單的方式就是問對方怎麼會來，基本上這是最萬用的。

假設這個談話場合是生日會或是工作宴，我可能就會問問對方剛剛有沒有吃到什麼好吃的東西，通常對方也會禮貌地回應，可以藉著食物來進入聊天模式。

如果是參加婚宴，就直接問對方是什麼時期的朋友，聊聊那個時期新人的模樣，或也分享自己看見的新人模樣，通常都會自然地聊起來。

最重要的，是請記得找正面的話題，別說剛剛哪個東西特別難吃，或是覺得這個場合很無聊。萬一對方是主辦人，或與你的看法不同，大概就真的會被討厭了……

做個好球

當我們進入和對方聊天的狀態時，對方也當然也會希望話題能夠延續下去。因此，如果是由對方開口問了我們一些問題，除了回答之外，我們也可以多一些敘述。

例如，對方如果問我的工作，我只回：「講師。」對方繼續問：「是什麼樣的講師呢？」我回：「溝通表達。」這就很像是機器人，對方可能也覺得我的態度很冰冷。

所以，我大概會這樣回答：「我是個講師，一般教溝通表達，通常大家都覺得我很擅長溝通表達，但我就是因為不太會溝通所以才努力學習的。」

這時候，能夠切入的話題點就多了，例如對方可能會問：「是嗎？不會溝通是怎麼樣啊？」或是問我：「我感覺你很擅長講話啊！」

接下來，我們就可以講講自己的故事。例如分享我之前在社交場合鬧的笑話，曾經向主辦人反應東西不好吃，後來才發現其實說話是要照顧別人感受等等。

轉換焦點

如果發現自己聊得太深入了，請記得把發言權轉換到對方身上。我會說：「好像聊太多自己了，不好意思啦，我就是愛講話。你剛剛說你是行銷，我也很好奇你的行銷是什麼領域？」

簡單來說，在一個對話中，我希望對方說六分，我說四分，這是比較理想的狀態。

但老實說我每次講自己就不小心講過頭，所以也要提醒，在社交場合對話聊天的時間和分量要平衡。

如果和對方聊一聊，想結束話題怎麼辦？其實在社交場合中，最簡單的就是說要去拿飲料或食物，晚點再聊就好了。而如果是不能移動的場合，我會禮貌地說我回一下客戶訊息，或是出去打個電話，基本上都能夠讓話題中斷一下，給彼此一個空間。

希望這六件事能夠讓你對於社交對話不再那麼恐懼。下一次，試試這些方法吧！

【溝通思考題】

希望這一課有帶給你一些與陌生人攀談的勇氣，也留下三個思考題給你。

- 有沒有哪次與陌生人的交談，讓你感到很自在呢？
- 回想一下，當時讓對話如此舒服的關鍵是什麼呢？
- 思考一下，怎麼樣把這樣的方法，套用在之後的社交場合呢？

第37課

利用即時訊息溝通，要注意什麼？

大概是因為疫情的關係，總有朋友會問到關於遠距或是通訊軟體上的一些互動，該如何表達才好。

我想，如果是視訊或電話，能看見表情或聽見聲音，都還是能感受到對方的情緒與想要表達的重點，但單純使用文字的即時溝通，就常常產生一些誤會了。

分享幾個我覺得容易產生誤會的狀況。

正事：減少彼此的時間成本

很多人會透過傳訊息的方式詢問對方：「在嗎？」或是先傳一句：「不好意思打擾一下。」

這個開場白看似禮貌，但當我們點開訊息後，發現對方沒有說明要做什麼，我們要先回應才能知道發生什麼事情，這樣一來一往，其實占用很多時間。

利用即時訊息溝通的第一件要注意的事情，就是在開頭說明來意。如果要兼顧禮貌，其實可以把想傳達的事情簡要地述說一次，或是區分成數個段落。建議運用這樣的步驟：

【問候】⬇【內容】⬇【行動】

例如：

「不好意思，打擾一下。」（問候）

「我們這週日想辦一個爬山的活動，想要邀請你一起來參加。」（內容）

「如果方便的話，請在週五前回覆我。也請給我生日和身分證號，我們要統計人數和保險。」（行動）

以這樣的方式，就算對方第一時間沒有點開訊息，之後看到也能馬上回應，並且因為知道期限和要做什麼，能夠讓事情更好地被處理。

情感：避免過度簡化

過度簡化是什麼意思呢？在傳即時訊息時，多數人習慣精簡語句，因只要對方（通常是熟悉的朋友或家人）大致掌握我們要表達的資訊就好，不必說得太過正經或清楚明白。但隨著通訊軟體或即時訊息的運用拓展，我們有時是以這種方式與想要合作的對象聯繫，這時，表達完整的句子，或多利用狀聲詞來表示語氣，可以讓對方感受到你對他的重視。假設是要問對方在不在，感受一下這兩句話有什麼差別。

「在？」

「你在嗎？」

而當我們想向對方說一件事情，對方回答：

「嗯」

「嗯嗯」

或是：

「好」

「好喔！」

多一個字的認同感就能讓人感受到差異，更不要提拒絕的說法了，例如：

「不行」

「我那天不行耶！」

不知道你能不能夠感受到，即時訊息上文字的多寡，其實對於情感連結有很多的影響呢！回應訊息，就是要我們把時間用在對方身上，當我們能夠更仔細地思考這些文字表達，也代表了對於對方的重視。

情緒：貼圖、標點符號與表情符號

除了斟酌文字訊息，其實通訊軟體還有許多應用也能夠讓我們表達更清楚，或更能讓對方感受到語氣的變化。其中一個有趣的地方，就是多數人很常會使用貼圖來表達自己溝通當下的情緒。

但連續傳送貼圖，似乎會讓人會覺得好像沒有這麼認真對話。如果是溝通要事，明確表達出自己的想法，會讓感受比較好一些。

許多人在傳訊息時會忽略標點符號，不過如果要透過通訊軟體討論事情，我覺得標點符號很能傳遞語氣。感受看看這四種說「好」的方式：

「好。」

「好～」

「好！」

「好！！！」

我個人認為，若「好」加上句號會有種逐客令的感覺，似乎在表達「一切就結束在這裡」。而如果加入連字號（又稱為「波浪號」，經常被用來強調語氣），可能會讓這個「好」有比較可愛的感覺，我會在面對朋友的時候使用。

接到一個工作或任務，要正面回應、承諾我會去達成的時候，我會運用驚嘆號來表示精神。而連用多個驚嘆號，我覺得表示的是一種興奮感，可能是一個好久不見的朋友約吃飯，我也滿懷期待地答應的感覺。

最後則是表情符號，像是笑臉、哭臉等，除了常見的喜怒哀樂情緒，還有許多有意思的表情符號任君選擇。

但我後來也發現，對於同一個表情符號，每個人居然有不同的解讀。偶爾使用無傷大雅，但不確定自己與對方關係，以及需要明確答應或拒絕的時候，建議不要太常用，以免無心的表達，造成了溝通上的誤會。

【溝通思考題】

希望透過這一課，讓你開始觀察訊息溝通和面對面說話的不同。一樣留下三個思考題，讓你想一想。

- 這些傳訊息的溝通方式，有沒有哪些是你感同身受的呢？
- 觀察一個很擅長利用訊息溝通的人，他都是怎麼互動的呢？
- 除了這一課提到的文字溝通技巧，還有哪些重點是讓你覺得很重要的呢？

第38課

對方不想溝通，怎麼辦？

這是一個我被問過數百遍的問題：我們明明很想與對方溝通，為什麼對方卻漸行漸遠呢？

老實說，這個問題沒有標準答案。因為溝通是人與人對話的過程，就算敘述得很詳細，只要有一個環節漏掉，也許那就是對方想離開溝通的關鍵。

曾經有個主管問我，為什麼他帶的下屬都不太與他溝通。幾次討論下來，他與部屬溝通的內容都很合情理。直到後來看到他對話，我才恍然大悟。原來他在講完合情理的想法後，都會多補一句：

「你們意見這麼多，等到你們當主管就知道了。」

對這位主管來說，前面已經講出許多合情理的做法，最後的這句可能只是個小小的發洩，但我想，光這句結論就足夠讓他的部屬們心生不滿了。

接下來，我想歸納一些想法，至少能為「溝通漸行漸遠」找一個大方向，也許剛好就能解決你的問題。

過去的負面經驗

請先思考一下：「溝通」對你而言是一個怎麼樣的詞彙？它是偏向正面、中性，還是負面呢？

通常，多數人會認為溝通是正面的，也有一些人會認為溝通是個中性詞。當然，有人會覺得溝通給他負面的感覺，而會這樣認為，一定有原因。

其實，我曾經一聽到「溝通」，就心生抗拒。為什麼？想想看當我們在上班時，老闆對我們說：

「你等等有空嗎？我有件事要與你溝通一下。」

聽到這一句，是不是會有點緊張，擔心老闆等等要說什麼。甚至如果換成家人或伴侶說出這句，就更可怕了。我們大概會快速地回想，是不是這兩天做錯了什麼事。

在我們的經驗中，很多人都把說服當作是溝通，而我們也在第一課提到，說服的好壞來自對方是否有「被強迫」的感受。所以有些人可能會把這樣負面印象帶入，當我們說著要與對方溝通時，對方想的可能是「你又要來說服或控制我了」，反而想逃跑。

又或是我們沒有意識到，不小心說出一些阻斷溝通的話語，就像開頭說到的那一位主管。這時，我們可以反思「控制」的概念，想想自己是否無意間讓對方產生了不好的感覺。

地位不對等

如果不是說錯話，另一個可能是雙方地位不等的影響。

當彼此之間存在階級，本來就是不容易溝通的，例如父母對孩子、主管對員工。階級高的群體往往會希望階級較低的群體聽話照做，階級低的群體則會認為自己多說也沒什麼用，進而拒絕或排斥溝通。

如果你是主管，我的建議是讓部屬知道有能夠提建議的空間，不會因建言被罵，就算沒有採納，也可以向對方說明為什麼沒有採納，並鼓勵他的良善動機。而若是部屬，可以參考本書前面所提到的各項溝通方法，或許換個方式，可以找到不同的對話空間。

而如果是父母，我建議再次思考溝通的界線，踩過線的溝通對話往往成為控制。而如果是孩子，當察覺父母只想說服自己的時候，拉開距離會是最容易的方式。接觸的時間減少，其實對彼此的忍受度就變高了。

價值觀只要接收，不需要溝通

有不需要溝通的時候嗎？當然有。屬於價值觀的問題，我們可以傾聽和理解，但建議不要「發起溝通」。

哪些是屬於價值觀的問題呢？我們可以思考在法律上人人平等的事情，好比男女、宗教、種族、黨派等。有人可能認為男生（或女生）就是該如何，更不要提宗教和政黨了，每個人的想法都會有點出入。

當我們認知到，有人可能與我們的價值觀不合，我也許會在自己的社群發表想法，或是在適當的場合說明，但我可能不會以「溝通」之名，強制要對方採納我的價值觀或想法。畢竟，溝通是要讓彼此的關係變得更好，加強信任。若我們想要「強硬地和對方溝通」，反而會讓關係變得更糟，讓彼此的距離更遠。

當對方不想溝通時，最好的方法就是保留空間給他。因為對方其實明確地表達了他的心意，說不定當我們尊重他、留個對話空間給他時，反而會開啟其他的溝通管道呢！

〔溝通思考題〕

溝通一直都是雙向的，換你來思考一下吧！

- 我們認為不能溝通的人，有在這一課所說的三個情境中嗎？
- 彼此對話的時候，我們有把空間保留給對方嗎？
- 我們還能怎麼做，讓對方更感受到尊重呢？

第39課

溝通為什麼這麼累？

上完溝通課後，很多人會說，這些課應該要讓身邊的某人來學習才對。

我們也知道，溝通是自己的責任。當我們覺得身邊的誰要學習溝通，很可能是我們放棄了對他的溝通。聽起來，放棄溝通好像是一件不好的事，真的是這樣嗎？

溝通是一件非常違反人性的事情，必須把注意力放在對方身上，照顧他的需求和感受，理解他的反應和情緒，並且盡可能傾聽他說的話，找到彼此的共識。如果遇到每一個人都必須這樣溝通，大概會身心俱疲吧！

因此，我認為溝通最重要的一個修練，是我們必須對重視的人好好溝通。

不是對事，而是對人

這怎麼說呢？當我疲憊、心情不好時，還是很難管理自己的情緒；或只是一時不經意，便脫口說出讓對方十分介意的話語。

好比有一次在臉書看到好朋友發生了一件難過的事情。當下覺得與對方這麼熟了，在一片溫情留言中用激將的方式回應，他應該會懂。

後來看到他的回應，我想他可能是生氣了，我還嘻嘻哈哈地道歉，不但做錯事，還讓自己差點失去一個朋友。

也是透過這次的事件，才發現我們常常都無意識地把最不好的一面給了對我們最好的人，這實在不太公平。

什麼時候需要溝通？

當我們在談業務時，要的也許不是溝通，而是談判；當我們在報告或演講時，要的或許也不是溝通，而是表達。當然，在工作職場上，還是需要一定程度的合作與溝通，但目標不同，我們要使用的方法也不太相同。

真正需要花大量專注力的溝通，應該是對我們想維繫關係的對象。為什麼我們願意聽好朋友深夜打電話來抱怨？為什麼我們雖然覺得很煩，但還是耐著性子和父母對話？為什麼我們能一遍又一遍地教導小孩？我想這一切，都因對方是我們眼中很重要的人，我們在乎他，願意把寶貴的時間花在他身上。

為此，我有個可能離經叛道的想法。

比起連線，更鼓勵適時斷線

我們嘗試著與每個人建立關係，但若我們努力過了，甚至超常發揮了，發現對方實在很難溝通，我想放棄會是更好的選擇。

如果真的覺得溝通的過程很累，建議再次反思「討好」的概念，也許我們正在用討好的方式溝通。照顧了對方，卻不斷燃燒自己。這樣的溝通不僅消耗能量，其實也是無法延續下去的。

百分百的溝通不僅是雙向的，也是充滿變數的，我們只能不斷思考怎麼樣可以做得更好，但最終能掌握的，還是自己的五〇%。當發現對方的五〇%完全交白卷時，也許這個人不是我們要建立關係的對象，而是該保持距離的對象，那就勇敢斷線吧！

最後，分享我的座右銘，也是我認為在溝通中最重要的一件事——把注意力放在可控之事，把時間和精力留給我愛的人。

除了和他人溝通，還要時刻記得內心的自己，也是我們需要溝通的對象。

【溝通思考題】

溝通是為了有意義的關係，輪到你來盤點一下。

- 有哪些人，是就算他沒有溝通意願，我們也願意為他敞開溝通大門的呢？
- 有哪些人對我們一點都不重要，卻一直影響我們呢？怎麼和他們勇敢斷線？
- 與對方開啟溝通前，我們有沒有先與自己溝通呢？此刻的自己，是壓抑著負面情緒，還是充滿著愛呢？

後記

活得自在的人，就是會溝通的人

寫書的過程，也是整理自己的時刻。其實在撰寫這本書的時候，我的腦海裡浮現出超級多的念頭。例如：

「張忘形，你這樣寫，自己真的做得到嗎？」

「談這麼多看似與溝通無關的事，真的對誰有幫助嗎？」

「沒有面對面的交流，讀者能夠感受到你想傳遞的核心價值嗎？」

就在這樣的自我煎熬中，寫了將近三年左右。直到完成這篇，重看了一次先前書寫的內容，卻覺得連自己好像也有一些收穫。原來這三年，我有這麼多的心境轉折啊！

回想剛開始寫這本書時，我實在很不自在。怕自己寫得不好，又怕辜負了出版社，更擔心讀者看了沒收穫。但後來想想，其實這就像我們溝通時的困境。有時候怕對方不懂，想思考一下再說清楚，又怕思考太久變成了糾結，最後什麼都沒有說出口。

在溝通的過程中，我們都很需要信任

首先想感謝的是出版社的編輯小米和行銷曼靈。這段期間我不斷調整，大概重寫無數次，他們卻還是相信我的判斷，也相信這本書的概念真的能幫助到讀者。

當我和他們討論書中的一些想法時，我也相信他們的專業，因此我覺得和他們對話時非常順利。這也讓我了解，真正的專業可能不只是自己的職業技能，更是能夠與對方建立信任的過程。

因此，下次溝通時，我也想提醒自己，我是不是與對方建立信任了，才開始與對方談到專業呢？

在溝通中，我們需要做的事情是支持

在這裡要感謝的，是我的太太小葵。老實說，這本書寫到一半的時候，我其實很想要放棄。因為看了許許多多的書籍，一直覺得這本書好像僅是自己的觀點與想法，但小葵總是對我說：

「這世界有很多書，可能剛好有些人只看到了你這本。如果因為這本而讓他的人際關係變好了，你不覺得這很值得嗎？」

當我們和對方溝通時，對方要的或許不是馬上的解決方案，而是能夠感受到有人與他站在同一邊，並且給予無條件的包容與支持。

因此，下次溝通時，我也想提醒自己，我是不是先支持對方了，才來向對方說說我的想法呢？

在溝通時，我們需要保持彈性

很感謝周震宇老師和師兄羅鈞鴻（小虎）老師，記得剛開始學習溝通的時候，我除了血氣方剛，心中還有許多非黑即白的道理。老師與師兄的引導與陪伴，讓我發現其實重要的是溝通的人，而不是誰比較有道理。

當我們在和對方溝通時，如果抱持著「對與錯」的立場，其實非常容易和對方起衝突。因為當我們不斷地想證明自己是好的，是對的，甚至是比較聰明的，又有誰要當笨蛋呢？

因此，下次溝通時，我也想提醒自己，我是不是先放下價值判斷，真正傾聽了對方的話語呢？

溝通，是「我與你」的過程

當書寫卡關時，我會回頭思考：我的核心理念到底是什麼呢？我認為，溝通就是「我與你」的過程。「我」是對於自己的理解，「與」是彼此之間的互動方式，而「你」是對於對方的理解。

溝通不只是我們運用了什麼話術，採取了什麼樣的句法結構，而是我們真正地先接受自己的一切，並且理解自己的說話模式，更透過對於對方的好奇，來完成這個過程。

這本書的第一部，是我不斷探索與思考溝通的過程，希望在每個的溝通情境中，我能夠選擇的是關係。當我們能認知到當下的溝通情境時，就能自然地把對方當成隊友，試著展現支持，和對方站在同一邊。

接著我學習到，原來當我們無法界定我們和對方的距離時，容易產生控制和討好的心態。因此在第二部中，我分享為什麼我們總是無法溝通，甚至活得不快樂，原來是我們一直沒有搞清楚自己的界線。

而當能夠畫分界線後，我發現還是有很多不能溝通的時刻，才理解到情緒常常讓我們不能理性的對話，因此我在第三部中處理情緒，希望我們都能夠掌握說話的溫度，不是低得讓人覺得冷漠，也不是高得燙傷人。

當情緒搞定了，我們卻還是抓不到如何與對方建立連線。這時，我在第四部中運用DiSC的概念來觀察溝通當中的狀態與行為。這讓我們能夠更理解自己，也能觀察到對方的需求。

了解每個人習慣的溝通模式後，我覺得有些實用的工具會讓我更有安全感，因此我把常常會遇到的關鍵詞和溝通情境與你分享，希望除了內功，也能提供你馬上可以用的招式。

而如果你覺得這本書受用，其實不是我的功勞，而是我的許多前輩老師，以及你願意閱讀與接納的那份心意。

溝通，是順勢而為

最後，我最想感謝的，是陪我走過這段旅程的你。謝謝你願意信任這本書。也許你在過程中，有看到認同的觀點，或值得深思的地方，那就是這本書想帶給你的，透過改變自己內在的心態，讓溝通有更好的連結性。

這種感覺，是自在。我們不需要花太大力氣去改變對方，而是透過調整，讓我們在溝通前有更多的思考，能確認當下的溝通情境，不帶著控制與討好，不散發出恐懼的情緒，並且能夠認知到對方的頻率，找到適合的方式。

慢慢地，你會發現，其實溝通並不難，難的是要不斷地提醒自己——在溝通中我們並不是要改變對方，而是接住對方的球，找到對方最喜歡的方式與他有來有往。

期待我們都能夠順勢溝通，將對話的過程從束縛變成舒服。

國家圖書館出版品預行編目（CIP）資料

順勢溝通 : 一句話說到心坎裡 ! 不消耗情緒 , 掌握優勢的 39 個對話練習 / 張忘形著 . -- 初版 . -- 臺北市 : 遠流出版事業股份有限公司 , 2022.03
面； 公分
ISBN 978-957-32-9457-3(平裝)

1.CST: 人際傳播 2.CST: 溝通技巧

177.1 111001703

Beyond 035

順勢溝通

一句話說到心坎裡！不消耗情緒，掌握優勢的39個對話練習

作　　者 —— 張忘形

資深編輯 —— 陳嬿守
內頁設計編排—— 陳春惠
封面設計 —— 張巖
行銷企劃 —— 鍾曼靈
出版一部總編輯暨總監——王明雪

發 行 人 —— 王榮文
出版發行 —— 遠流出版事業股份有限公司
地址 —— 104005 台北市中山北路一段 11 號 13 樓
電話 ——（02）2571-0297　傳真 ——（02）2571-0197　郵撥 —— 0189456-1
著作權顧問 —— 蕭雄淋律師

2022 年 3 月 1 日　初版一刷　　2022 年 12 月 30 日　初版八刷
定價 —— 新台幣 380 元（缺頁或破損的書，請寄回更換）

ISBN 978-957-32-9457-3

遠流博識網 http://www.ylib.com
E-mail:ylib@ylib.com
遠流粉絲團 https://www.facebook.com/ylibfans